HYPERSENSITIVE
ILFORD
PANCHROMATIC
HP3

Nur den Feierlichen, den Immer-Ernsten gehe ich wo ich kann aus dem Wege, sie sind Lichtlöscher.

Joseph Breitbach an Hans Erich Nossack. Paris, 9. Februar 1955

Das Verhältnis Großvater – Bruno ist ein ganz und gar *innerer* Vorgang, den ich aber nicht analysiere, sondern in der Intrigue *zeige*. Also das Innen wird Außen. Für mich das was Kunst zu leisten hat.

Joseph Breitbach über seinen Roman »Bericht über Bruno«
an den Studenten Dietmar Schings. 20. August 1963

Man kann das Chaos nicht in chaotischen *Formen* evozieren.

Joseph Breitbach an Günter Herburger. 31. Mai 1969

marbachermagazin 102

Joseph Breitbach oder Die Höflichkeit des Erzählers

von JOCHEN MEYER

Deutsche Schillergesellschaft
Marbach am Neckar

Zwischen zwei Sprachen: Kannitverstan

»BREITBACH – CIVIS RHENANOMOSELLANUS«

Joseph Breitbach, geboren 1903 als Deutscher, von Geburt und Familienherkunft Rheinländer, seit 1931 meist in Frankreich lebend, 1945 als Franzose naturalisiert, gestorben und begraben 1980 in München, kannte »die Versuchungen der nationalen Selbstgerechtigkeit zu gut und zu lange, um gängige nationale Charakteristika nicht als chauvinistische Besserwisserei zu empfinden« (zitiert aus einem nachgelassenen autobiographischen Fragment[1]). »Feststeht nur«, so fuhr er nach dieser vorsichtigen Einleitung fort: »die Deutschen sind anders, ihre Lebensart hat Vor- und Nachteile, ihr Stil ist hier vorbildlich, dort schockierend. Es ist vor allem die Blickrichtung, die Qualitäten verändert. Für mich das Problem der ewigen ›Kannitverstahns‹, mit denen ich es leider zu tun habe. Feststeht aber sicherlich auch dies: Der Franzose nimmt wesentlich ernster was Genuß bereitet, hat also in puncto puncti mehr Savoir vivre.« Breitbach war Deutscher und wurde Franzose; er blieb dabei ein deutscher Schriftsteller, der auch als französischer Autor reüssierte. Daraus ergaben sich die Konstanten

links Joseph Breitbach (rechts) im Gespräch mit René Mayer (1895–1972), der 1953/54 französischer Premierminister war. Bei einem Empfang zu Ehren von Theodor Heuss, Paris 1960.

seines Lebens und seines Werks, aber auch die Probleme einer solchen Grenzgänger-Existenz. Er hat sie gern im Lichte der *Kannitverstan*-Geschichte aus Hebels *Schatzkästlein des rheinischen Hausfreundes* gesehen. Die Umstände seiner frühen Bekanntschaft mit dieser Geschichte hat er in Entwürfen zu *Erinnerungen aus Koblenz* festgehalten, deren Druckfassung 1978 unter dem Titel *Reminiszenzen* gekürzt (und *ohne* die Hebel-Reminiszenz) im Koblenz-Heft der Zeitschrift *Merian* erschienen ist.[2] Seine Mutter sei mit einer deutsch-wallonischen, in Brüssel versippten Familie Napp befreundet gewesen, zu der ein in Rußland tätiger Onkel gehörte. Dieser russische Onkel habe ihn schon als Neunjährigen bei einem Weihnachtsbesuch in Koblenz mit seinem exotischen Pelzmantel beeindruckt:

> Einmal hatte meine Mutter mich zu den N.s mitgenommen. An diese Einladung knüpft sich mir die nie verblasste Erinnerung an eine frühe »Bewusstseinerhellung«, die nämlich: jeder nur auf das Optische beschränkten Wahrnehmung zu misstrauen. Die Frau des belgischen Obersten geriet in Streit mit ihrem slawophilen Bruder, als sie die russische Sprache abschätzig bewertete, weil diese den Artikel nicht kenne. Ein Urteil, das der Holzhändler als kleinlich abtat. Schliesslich hielt er der ganzen Gesellschaft vor, das Denken der »Westler« sei, obwohl deren Sprachen alle den Artikel kennten, engherzig und entspreche dem winzigen Gebietsumfang Deutschlands, Frankreichs und Belgiens.
>
> Auf dem Nachhauseweg sagte meine Mutter mir, das sei schlimmer als in einer Gesellschaft von Kannitverstans gewesen. Wieso, fragte ich, jeder habe doch die Sprache des anderen, die deutsche und die französische, verstanden, höchstens nur dann nicht, wenn Herr N. etwas in russisch zitiert habe.

Ich hatte zwar dank meinen des flämischen nicht ungewohnten Ohren verstanden, was Kannitverstan heisst, wusste aber nicht, dass meine Mutter den Titelhelden der Erzählung Hebels meinte und merkte auch erst sehr viel später, wie sehr ihr im Unmut ausgesprochener Vergleich hinkte. Aber *Kannitverstan* gab sie mir am gleichen Tag zu lesen und sie ist mir bis heute die liebste aller Erzählungen geblieben, habe ich es doch seit 50 Jahren immer wieder mit den französischen Kannitverstans, die Dummes über Deutschland und mit den deutschen Kannitverstans zu tun, die das Wesen der Franzosen missverstehen.

Joseph Breitbach: Erinnerungen aus Koblenz.
Aus nachgelassenen Entwürfen

In der Liebe zu Hebel traf sich Breitbach mit dem Elsässer Robert Minder, der ihm am 15. Dezember 1963 seinen Essay *Hebel und Heimatkunst von Frankreich gesehen* (Karlsruhe: C. F. Müller, 1963) mit der Hölderlin-Widmung schenkte: »À Joseph Breitbach ›Wem sonst als Dir?‹«. Als fünf Jahre später die von Eberhard Meckel herausgegebene Hebel-Ausgabe des Insel Verlages mit Minders Einleitung *Hebel, der erasmische Geist* erschien, da beschenkte der Pariser Germanist den Freund am 14. September 1968 auch mit dieser Edition und schrieb hinein: »à Joseph Breitbach, ›erasmischer Geist‹ par excellence«.[3]

Breitbach hat später die übergroße Skrupelhaftigkeit, die ihm (etwa wenn er ein eigenes deutsches Buch ins Französische übersetzen wollte) aus der frühen Beherrschung des Französischen zugewachsen war, nicht nur als Gunst, sondern auch als Bürde empfunden:

Zusammenfassend kann ich nur sagen, dass ich allerdings nicht zum ersten Mal verflucht habe, in zwei Sprachen am Rhein und in Lothringen aufgewachsen zu sein, statt als Sohn eines Holzfällers im Fichtelgebirge oder eines Fischers am

Mittelmeer. Mir wären viele innere Kräfte verzehrende Spannungen erspart geblieben, Spannungen, denen ich jede schöpferische Tugend abspreche [...]

Joseph Breitbach an Werner Kraft. Paris, 28. November 1964

Aber ebenso blieb dem naturalisierten Franzosen bewußt, daß er als Schriftsteller den lebendigen Kontakt mit der deutschen Sprache und mit Deutschland brauchte. Freunde und Freundinnen unter den französischen Autoren bestärkten ihn darin:

Votre carte d'Allemagne m'a fait grand plaisir. J'aime à vous savoir souvent dans ce pays qui reste malgré tout, sur tant de points, vôtre (même si sur d'autres points vos objections sont innombrables), et j'attends pour vous de ces contacts les bons résultats mythologiques de ceux d'Antée avec la terre. Joseph, ami français, ne me fait pas oublier l'existence de Joseph, écrivain allemand. J'espère donc que vous aurez tiré de ce séjour à Stuttgart profit littéraire et plaisir.

Marguerite Yourcenar an Joseph Breitbach.
Northeast Harbor, Maine (USA), 21 novembre 1952[4]

Breitbach hatte am 30. Oktober 1952 auf Einladung des Deutsch-Französischen Instituts Ludwigsburg und der Deutschen Verlags-Anstalt im Stuttgarter Linden-Museum seinen Vortrag über Jean Schlumberger gehalten. Der Name Schlumberger gibt das Stichwort, das vor allen anderen die frühe Hinwendung Breitbachs zum französischen Nachbarn bezeichnet. Andere Fragen in diesem Zusammenhang sind schwerer zu beantworten: War es Zweisprachigkeit seines Vaters, eines aus Boppard stammenden und in Ehrenbreitstein tätigen Volksschulrektors, die den Grund zum literarischen Grenzgängertum des Sohnes gelegt hätte? Gewiß nicht. Oder hat der Halbwüchsige doch erst bei seiner Klavierlehrerin Emilie Merz sein Schulfranzösisch vervollkommnet?

Seine Französischnote im Abgangszeugnis des Kaiserin-Augusta-Gymnasiums in Koblenz zu Ostern 1921 war bloß »genügend«. Aber das Zeugnis der L. Tietz A. G. in Koblenz vom 31. August 1925 bescheinigte ihm, »daß Herr Breitbach die französische Sprache in Wort und Schrift perfekt beherrscht.« Steht es mit der Versippung der väterlichen Familie in Lothringen am Ende auch nicht viel besser als mit der Ableitung der mütterlichen Herkunft aus Tirol und Österreich? Wenn Breitbach sich allzu eindeutig auf solche Angaben festgenagelt sah, gab er zu, die Salecks seien schon 1571 von Tirol nach Böhmen gegangen und von dort im 19. Jahrhundert ins Rheinland gekommen (J. B. an Horst Bienek, Paris, 29. 4. 1964). So behält schließlich doch Gerhard Schmidt-Henkel recht: Breitbachs Angaben »mögen nicht widersprüchlich sein, wenn man Ahnenforschung und Stammesgeschichte weiträumig sieht. Tirol und Lothringen sind dann auch nur Ingredienzen des Schmelztiegels Rheinlande.«[5]

Den jungen Deutschen aus dem besetzten Rheinland muß eine ungemeine Neugier auf die literarisch-künstlerische Szene im Nachkriegseuropa ausgezeichnet haben, ebenso eine fast bedenkenlose Offenheit für Freundschaften mit den Intellektuellen in allen Lagern, den nationalen wie den ästhetischen und politischen. Dabei hat ihm auch Homosexualität als eine in Frankreich offener tolerierte Lebensform den Zugang zu Freundeskreisen von Literaten und Künstlern, etwa um André Gide, Klaus Mann oder Julien Green, erleichtert.

Schon der Zwanzigjährige erhielt Ende März 1924 (im April trat er in die Buch- und Musikalienabteilung des Koblenzer Kaufhauses Tietz als Verkäufer ein) von der Librairie Gallimard in Paris die neuesten Hefte der *Nouvelle Revue Française* (die begleitende Postkarte vom 20. März hat sich in Breitbachs Nachlaß erhalten). Das Herausgebergremium bestand damals aus André Gide, Jean Schlumberger, Roger Martin du Gard und Jacques Rivière. Nur wenige Jahre später gehörte Breitbach zu den Freunden und Briefpartnern der ersten drei. Daß er auch Rivière noch persönlich kennengelernt hatte, zeigt Breitbachs

Nachruf auf den am 14. Februar 1925 Gestorbenen: »Im Oktober 1924 beschrieb er mir die Gewissensbisse, die ihm die Übersetzung eines in Deutschland ungeheuer erfolgreichen Buches täglich machte⟨n⟩. ›Es gibt doch viel bessere deutsche Bücher!‹« (Bezog sich das auf Oswald Spenglers *Untergang des Abendlandes* in der damals schon begonnenen, viel später erst, 1931–1933, im Verlag der ›nrf‹ erschienenen Übersetzung von Mohand Tazerout, *Le déclin de l'occident*?)[6] Überhaupt gehörten die allermeisten der literarischen und persönlichen Freunde, die Breitbach in Frankreich finden sollte, zum Umkreis dieser berühmten ›N. R. F.‹ Als er fast fünfzig Jahre später Stichworte für literarische Erinnerungen auf Tonband zu sprechen begann, fielen ihm zuerst zwar die Niederschrift von *Rot gegen Rot*, sein Besuch bei Stefan Zweig in Salzburg, Namen wie Hermann Kesten und der Kreis um den Gustav Kiepenheuer Verlag ein. Dann aber gleich:

> Nicht vergessen die Leute der N. R. F., meine erste Begegnung mit Jacques Rivière, Jean Paulhan, Gide, Roger Martin du Gard, Gabriel Marcel, Georges Poupet, Marie Laure [de Noailles], Brice Parain in der N. R. F. Henri Thomas, Jacques Brenner, Matthieu Galey, [Alexandre] Kalda. Die Germanisten [Jean François] Angelloz, [Maurice] Colleville, [Maurice] Boucher, Claude David, Alfred Grosser, Pierre Viénot, Andrée Viénot, Madame [Aline Mayrisch] de St. Hubert, [Emile] Mayrisch de St. Hubert [...] Gespräche mit Gide [...] Gespräche mit Malraux, [Bern(h)ard] Groethuysen [...] Gespräche mit Jouhandeau, dann jenes Gespräch am Tag der Mobilmachung mit Elsa Triolet und Jouhandeau im Büro Paulhan's bei Gallimard, die Begegnungen mit [Julien] Green, den ich durch Gide kennenlernte, er lebte damals noch in der Rue Cortambert, zog später in die Avenue Roosevelt oder Wilson, muss ich nachsehen, Bekanntschaft mit [Henry] Troyat und die mit [François] Mauriac bei Georges Poupet, auch die

mit Claude Mauriac ebenfalls bei Georges Poupet [...]

Bei Jean Schlumberger lernte ich [André] Maurois kennen, überhaupt sehr viele Schriftsteller [...]

Joseph Breitbach: Autobiographische Stichworte auf Tonband
Spule 1. 5. Dezember 1972

Die planlose Aufzählung führt rasch über den zeitlichen Rahmen von Breitbachs frühen literarischen Bekanntschaften in Frankreich hinaus. Aber im Kern bezieht sie sich doch auf jene Gruppe um die *Nouvelle Revue Française*, die Friedhelm Kemp einmal als »eine Welt der geistigen Geselligkeit« bezeichnet hat, »mit der allenfalls der Freundeskreis um Goethe sich vergleichen liesse.«[7]

Für Breitbach stand Schlumberger im Mittelpunkt dieser Gruppe. Der hatte ihn 1929 aufgenommen wie einen Sohn, wie einen Familienangehörigen. Breitbach hat ihm dafür mit der Doppelwidmung seines *Berichts über Bruno* gedankt: »Meinen beiden Vätern Jean Breitbach und Jean Schlumberger«. Was er 1952 in seinem Stuttgarter Vortrag über Schlumbergers frühen Roman *Inquiète Paternité* (1906) gesagt hat, mag auch für sein Verhältnis zu dem väterlichen Freund gelten. Da ist von »einer ›gewählten‹, freiwilligen Vaterschaft« des Romanhelden die Rede und von seinem Wunsch, der aus der Beziehung seiner Frau zu einem anderen stammende Sohn möge »seine ›kreatürliche‹ Sohnschaft zu einer freiwilligen, nur von Achtung und Liebe getragenen, aber von keiner ›Kindespflicht‹ erzwungenen« machen.[8] Breitbachs enge Beziehung zur Familie Schlumberger (da ist vor allem Madame Conrad Schlumberger zu nennen, für Breitbach »tante Louise«, die Schwägerin von Jean Schlumberger, Witwe seines älteren Bruders, des Geophysikers und Mitgründers des Schlumberger-Imperiums, also des Weltmarktführers für die Technologie der Suche nach Öl, Wasser und Bodenschätzen) öffnete ihm den Zugang zu den Familiengütern in der Normandie (in enger Nachbarschaft zu Besitzungen von Gide, Martin du Gard usw.), ebenso zu den großen Familien des Elsaß. – In einem Brief an Siegfried

links Presseausweis der *Nouvelle Revue Française*. Paris 1933.

oben Jean Schlumberger (links) und Joseph Breitbach. Braffy (Normandie), nach 1945.

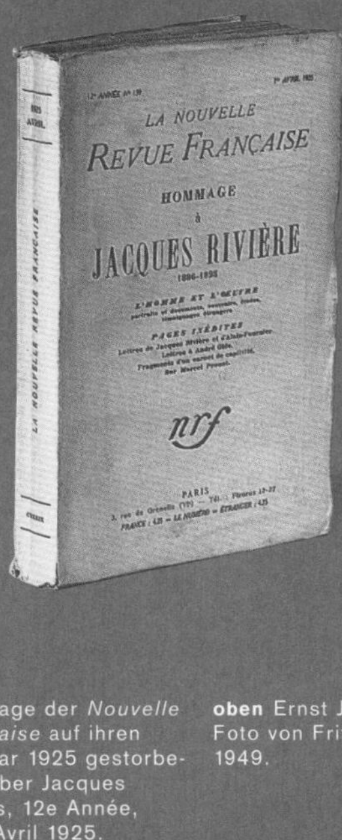

links Jean Schlumberger und Margot Hausenstein, die Witwe Wilhelm Hausensteins, bei einem Empfang von Madame Conrad Schlumberger (Breitbachs »tante Louise«) für Theodor Heuss. Paris, März 1960.

unten Hommage der *Nouvelle Revue Française* auf ihren am 14. Februar 1925 gestorbenen Herausgeber Jacques Rivière. Paris, 12e Année, N° 139, 1er Avril 1925.

oben Ernst Jünger. Foto von Fritz Arnold. 1949.

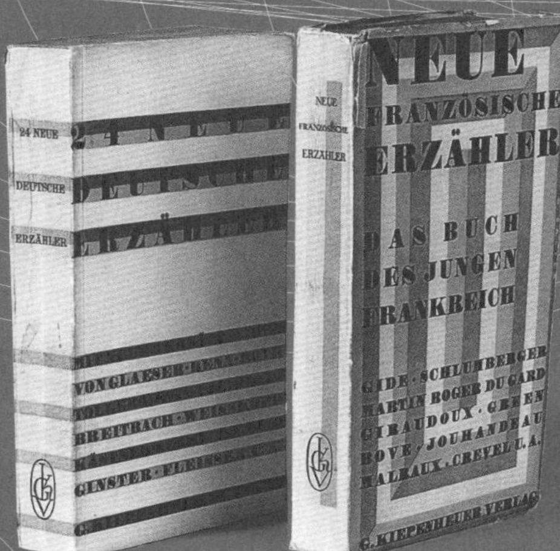

oben Mit Widmung: »Joseph Breitbach mit guten Wünschen Thomas Mann.« Nach dem 3. März 1936.

unten Die beiden 1929 und 1930 im Gustav Kiepenheuer Verlag, Berlin, erschienenen Anthologien, vereinen Erzählungen der deutschen und französischen Generationsgenossen und Freunde Joseph Breitbachs. Der ›deutsche‹ Band (1929) enthält auch seine eigene Erzählung *Education Sentimentale*. Schutzumschlagentwürfe von Georg Salter.

rechts Das im März 1925 erschienene Heft der *Neuen Bücherschau* enthält Breitbachs Nachruf auf Jacques Rivière.

links Klaus Mann und Pamela Wedekind. Zeichnung von »Mopsa« Sternheim, 1933.

oben Breitbachs letzte Pariser Wohnung (seit Ende 1956): 1, Place du Panthéon, Paris Ve. An der Wand vorn links ein männlicher Akt von Helmut Kolle (heute in der Sammlung Garnerus, München); im Hintergrund ein Gemälde von René Magritte

Kracauer, in dem er sich über die Vergeblichkeit seiner Versuche beklagte, Korrespondentenberichte aus Frankreich und dem Elsaß in der *Frankfurter Zeitung* unterzubringen, ist von diesen elsässischen Verbindungen die Rede:

> Meine Artikel aus Frankreich wurden regelmässig abgelehnt, sodass ich schliesslich aufhörte (angesichts des Monopols einzelner Vertreter der Zeitung) etwas zu schicken. Ich war so entmutigt, dass ich einen grösseren Artikel zur Rheinlandräumung, der nur in der Frkft. hätte erscheinen können, (mit interessanten Details über die einzelnen Besatzungschefs u. s. w., ich kenne Herrn *Tirard* sehr gut) nur in England in *Letters and Life [Life & Letters]* erscheinen liess.
>
> Trotzdem ich Ihr Blatt wie ein persönliches Wesen liebe, haben diese Umstände in mir rancuneuse Gefühle erzeugt. Ich hätte manchmal gerne über elsässische Fragen z. B. geschrieben. Meine Beziehungen in Frankreich, bes. im Elsass sind ziemlich gross. Ich verbringe regelmässig einen Sommermonat im Elsass bei den Schlumbergers, Bertrands, Grunelius, Tirards, La Place und wie all diese Familien heissen, von denen z. B. in dem Artikel des Herrn Bing kein Wort stand. Dabei sind diese Leute *das Elsass*.
>
> *Joseph Breitbach an Siegfried Kracauer.*
> *»Z. Zt. Ehrenbreitstein a/Rh.«, 6. Oktober 1931*

In den nächsten Monaten sei er »wieder in Paris« und dort telefonisch erreichbar unter: »Passy *3383* bei Julien Green, der sich übrigens sehr über Ihren Leviathanartikel, den ich ihm gab, gefreut hat.« – Breitbachs Standort in diesen Jahren läßt sich vielleicht am besten mit dem Zusatz bezeichnen, den er in einem Brief an Thea (»Stoisy«) Sternheim (auch sie kam aus dem Rheinland, aus Neuss) seiner Unterschrift hinzufügte: »Breitbach civis Rhenanomosellanus« (J. B. an Th. St., Paris, 30. 1. 1936).

Aus den Jahren ›um 1930‹ wurden rasch die Jahre ›um 1933‹. Mit Hitlers »Machtergreifung« änderte sich das Verhältnis zwischen deutschen und deutschen, deutschen und französischen, deutschen und europäischen Intellektuellen. Es kam auf Situation, Standort und Gruppierung jedes einzelnen an, nicht nur politisch, nicht nur nach der aufgezwungenen Aufteilung der Welt in »jüdisch« und »arisch«, auch privat, gesellschaftlich, ökonomisch und geographisch. – Als die ersten Intellektuellen aus dem nationalsozialistischen Deutschland nach Paris flohen, lebte Joseph Breitbach schon seit Jahren im Ausland: meistens in Frankreich, vor allem in Paris (dort mit festem Wohnsitz seit 1931), aber auch in Toulon oder Sanary, im Elsaß und in der Normandie. Mehrere Monate des Jahres 1933 verbrachte er in Griechenland auf Einladung zweier Koblenzer Jugendfreunde, des Malers Alexander Mohr, der in Athen mit einer Griechin verheiratet war, und eines Fliegers in griechischen Diensten, Dyckhoff, durch dessen Vermittlung er sogar »in entfernten Garnisonen des Landes Militärpferde und Bedienung umsonst erhalten« habe (J. B. an Gerhard Nebel, Paris, 24.7.1939). Seine Pariser Wohnung überließ er in dieser Zeit dem aus Deutschland geflohenen Hermann Kesten und seiner Frau.

Breitbachs Ende 1932 erschienener Roman *Die Wandlung der Susanne Dasseldorf* wurde im Hitler-Reich sogleich verboten (die Darstellung homosexueller Liebeshändel erschien als »Schmutz und Schund«). Seit seiner Loslösung von der KPD im Jahre 1929 hatte sich Breitbach von Parteifreunden wie Franz C. Weiskopf getrennt und sich auch sonst von links stehenden literarischen Freunden, die wie Hermann Kesten und Klaus Mann 1933 ins Exil gehen mußten, wenn nicht privat so doch politisch entfernt. Mit manchen deutschen Autoren, die 1933 Deutschland nicht verlassen mußten (etwa mit Anton Gabele in Koblenz, mit Wilhelm Emanuel Süskind, Paul Alverdes und dem an der Mosel heimischen Werner Beumelburg), stand Breitbach schon vor 1933 in Verbindung. Beziehungen zu anderen Autoren stellten sich erst nach der »Machtergreifung« her: zu Oskar Loerke (ihm schickte er zum 50. Geburtstag im März 1934 eine Kiste Wein) und Albrecht Schaeffer, zu Georg Britting und Jochen Klepper, auch zum Albert Langen / Georg Müller-Verlag und zu der dort erscheinenden, von Alverdes und Karl Benno von Mechow herausgegebenen Zeitschrift *Das innere Reich*.

Der Kontakt zu Karl Rauch, der in der Nachfolge des exilierten Willy Haas aus der renommierten *Literarischen Welt* unter dem neuen Titel *Das deutsche Wort* ein nazikonformes Blatt machen sollte, mag sich daraus ergeben haben, daß Breitbachs am 9. März 1934 dort veröffentlichtes Kapitel aus einem neuen (nie vollendeten) Roman *Lambert und Loni* noch unter der Leitung von Willy Haas angenommen worden war.[9]

Die aufgezählten Autoren haben sich ganz unterschiedlich mit den neuen politischen Verhältnissen abgefunden, ihnen getrotzt oder sich arrangiert. Ein Name, der Breitbach desavouieren könnte, ist nicht darunter. Aber aus der Sicht der Emigranten in Paris mußten Breitbachs Verbindungen nach Deutschland sehr irritieren, zumal er sich bei Gallimard (er war damals schon mit dem Verlag der ›nrf‹ finanziell liiert) und anderen französischen Verlagen, aber auch in New York für Autoren aus dem »Reich« wie Paul Alverdes, Georg Britting, Hans Grimm, Jochen Klepper, Ernst Jünger und Albrecht Schaeffer einsetzte:

> Über eine eventuelle Ausgabe Ihrer Arbeiten habe ich seit langem schon nachgedacht und die *Pfeiferstube* [1929] auch schon einmal einem Aufsichtsrat der N. R. F. gegeben. Dieser Herr meinte nun, es sei zu sehr im Genre von Duhamels *Vie des Martyrs*, einem sehr schönen Buch, das in der Tat einen Ton hat, der Vergleiche beschwört. Nichtsdestoweniger sollte Langen sich aber einmal rühren und Ihren *Reinhold* [*oder Die Verwandelten* (1931)] an folgende Adressen senden:

1.) Monsieur Gabriel Marcel, Editions Plon,
8 rue Garancière Paris (6)
2.) Monsieur Chardonne, Editions Stock,
7 rue du Vieux Colombier Paris (6)

Und an mich vielleicht zwei brosch. Ex., die ich zwei einflussreichen Leuten mit persönlichen Erläuterungen geben will. [...]

Nun kann ich Ihnen natürlich nichts versprechen, aber Sie können versichert sein, dass ich mein Mundwerk laufen lasse für Sie. Ich habe es z. Zt. etwas schwer, da ich obwohl ich es gar nicht bin, hier als Nationalsozialist verschrien bin.

Joseph Breitbach an Paul Alverdes.
Paris, »Mariahimmelfahrtstag« [15. August] 1933

Senden Sie bitte ein Exemplar der *Afrikanischen Spiele*, das ruhig broschiert sein kann, an Herrn Georges Poupet
8 rue Garancière Paris (6).
Poupet ist Lektor des Verlags Plon und Feuilletonredakteur des *Jour*, eines wichtigen wenn auch für uns nicht erfreulichen Rechtsblattes. Ich habe Poupet aufs Eindringlichste von Ihrem Werk gesprochen und es besteht also durchaus die Möglichkeit, dass es, falls ihm das Buch wirklich zusagt, genommen würde. Ausserdem hat er mir versprochen, es, wenn sein Verlag ablehnen sollte, dem Lektor Fraigneau bei Grasset weiterzugeben. Mit Fraigneau esse ich morgen mittag und ich werde ihm dabei von Ihren Arbeiten, die er bereits durch mich kennt, nochmals sprechen. [...]

Die wichtigste hiesige deutsche Buchhandlung H. Le Soudier hat die A[frikanischen]. Sp[iele]. jetzt auf meine Veranlassung im Laden und Fenster. Es wäre klug, wenn Sie der ersten Verkäuferin ein Exemplar *bewidmet* schicken wollten. Mlle. Madleine Heyden. Librairie H. Le Soudier, 174/76 bl. St. Germain Paris (6)

Joseph Breitbach an Ernst Jünger. 26. November 1937

So hat sich Breitbach noch Jahrzehnte später für Übersetzungen deutscher Autoren in Frankreich, auch in New York oder London, unermüdlich eingesetzt, hat in den fünfziger Jahren Werke von Ernst Jünger, Hans Henny Jahnn, Stefan Andres, Böll, Luise Rinser oder Nossack, in den Sechzigern und später Bücher von Andersch, Koeppen, Käte Hamburger, Raddatz, Günter Herburger und vielen anderen, auch von Gelehrten und Publizisten, französischen Verlegern empfohlen, sehr oft mit Erfolg. – In dem zitierten Brief an Paul Alverdes setzte er dem Adressaten (im August 1933!) dann noch mit einer Philippika gegen das Vorherrschen der Fraktur in Deutschland zu, die deutsche Bücher im Ausland fast unlesbar mache, kündigte gar eine Denkschrift gegen die Fraktur an und beklagte, daß »bei dem allgemeinen Kretinismus heute« es kaum jemand wagen werde in Deutschland, seinen (Breitbachs) »verbrecherischen Anschlag auf einen teutonischen Belang überhaupt zu diskutieren. Besonders die Akademie, die bis heute zu den Bücherverbrennungen und den schwarzen Listen geschwiegen hat.« Paul Alverdes antwortete: »Sie haben sehr recht in allem, was Sie mir sagen, aber weil ich das Gefühl habe, daß mir hier einer über die Schulter guckt, der mich mißverstehen könnte, so will ich alles, was ich vom Tage zu sagen hätte, aussparen, bis wir uns einmal sehen« (P. A. an J. B., München, 6.10.1933). Das war deutlich.

Daß der Autor der *Pfeiferstube* inzwischen in Hitlers »Reich« die Zeitschrift *Das innere Reich* herausgab und seine Bücher bei Langen-Müller in München veröffentlichte, in einem Verlag, dem von der nationalsozialistischen Kulturpolitik ganz offenbar die Rolle zugedacht war, den bisher literarisch tonangebenden »jüdischen« S. Fischer Verlag zu verdrängen, das alles konnte Breitbach nicht davon abhalten, für eine Erzählung einzutreten, die er (vor und nach 1933) für sehr gelungen hielt. Hinzu kam die von ihm in hitzigen Diskussionen verfochtene These, daß die Franzosen von der »Machtergreifung« weniger überrascht worden wären, wenn sie vor 1933 eine andere Auswahl für die Übersetzungen deutscher Bücher getroffen hätten. So kam es, daß ihn der Redakteur der Pariser *Revue Hebdomadaire*, Robert de Saint-Jean, zur öffentlichen Beantwortung der Frage einlud »Les Français connaissent-ils vraiment la littérature allemande d'aujourd'hui?« Breitbachs Antwort erregte bei den meisten Exil-Autoren in Paris und anderswo Entsetzen, zuallererst bei Freunden wie Joseph Roth, Hermann Kesten und Klaus Mann. De Saint-Jeans redaktionelle Vorbemerkung (»Cet article, qui n'est pas traduit d'une revue national-socialiste, comme on le pourrait croire parfois […]«) wurde dem Autor später fast mehr entgegengehalten als seine Thesen: Nach 1918 hätten die französischen Verlage vor allem diejenigen deutschen Bücher übersetzt, die Deutschland und seiner Kultur gegenüber radikal kritisch, ja absprechend bis zur Karikatur gewesen seien und damit französische Vorurteile bestätigt hätten.

> Que n'a-t-on pas édité, à commencer par le cycle romanesque de Heinrich Mann sur l'Allemagne impériale de 1902, en passant par le *Sergent Grischa* d'Arnold Zweig, et les romans »contemporains« de Viki Baum, jusqu'aux *Réprouvés* [*Die Geächteten*] de E[rnst]. von Salomon? Et l'on pourrait allonger la liste de ces auteurs dont on attendait des »révélations« sur les désordres et les monstruosités de l'Allemagne! A chaque nouvelle publication, les lecteurs auraient eu lieu de s'étonner de la froideur avec laquelle ces écrivains observaient leur propre nation. […] Quelle déformation caricaturale Heinrich Mann présentait-il de l'Allemagne! Avec quelle indifférence, quel détachement, tous ces auteurs parlaient de leur pays comme s'ils n'avaient rien de commun avec le peuple dont ils écrivaient la langue!

Josef Breitbach: Les Français connaissent-ils vraiment la littérature allemande d'aujourd'hui? In: La Revue Hebdomadaire. Paris: Librairie Plon. 43e année. N° 23. 9 juin 1934. P. 231–236[10]

In den genannten Autoren wollte Breitbach sodann durchweg Schüler und Vertreter eines westlich-rationalistischen Geistes erkennen, »des disciples de l'esprit français«, denen er Können und Meisterschaft nicht absprach, wohl aber das »spécifiquement allemand«, das spezifisch Deutsche. »Personne ne voyait-il que Heinrich Mann, peintre magistral de la vie italienne, faisait figure de pamphlétaire méridionale en composant son roman *le Sujet* [*Der Untertan*]?« Zur Vertiefung ihrer Kenntnisse vom deutschen Nachbarn, freilich auch als »écrivains d'esprit authentiquement allemand« empfahl Breitbach den Franzosen drei ziemlich disparate Autoren der älteren Generation – Hans Grimm, Albrecht Schaeffer und Hermann Stehr; von Grimm *Volk ohne Raum* (1926), von Schaeffer (er ging später selbst ins Exil) den *Helianth* (1920), von Stehr vor allem die frühen noch bei S. Fischer erschienenen Romane. – Grimms Kolonialroman, »dont l'art est critiquable en plus d'un détail«:

> […] explique pourquoi et comment leur [der Deutschen] conception du monde s'oppose fatalement à celle des autres peuples. Et ses motivations ont plus d'importance, sont plus intéressantes et nécessaires que tant de reportages amusants ou railleurs sur la vie quotidienne d'outre-Rhin.

Schaeffers noch vor 1914 geschriebenen, erst nach dem Krieg im Insel Verlag erschienenen *Helianth* stellte Breitbach neben *Wilhelm Meister* und attestierte:

> Grimm et Schaeffer ont en commun un caractère organiquement allemand. Aucun rationalisme occidental; aucune influence venue de l'Orient. Par leur langue et leur style, par leur pensée et leur sensibilité, ils baignent dans une atmosphère purement allemande; et ils sont l'expression d'autant plus fidèle de la vie germanique que leurs auteurs sont restés, si l'on peut dire, aveugles à toute autre chose. […]

Dans les œuvres de Grimm et de Schaeffer, le lecteur se trouve en face de l'Allemagne elle-même. Dans les autres romans que nous citions, depuis *le Sujet* de Heinrich Mann jusqu'aux *Réprouvés* de Salomon, le lecteur reçoit, d'autorité, un système de jugements tout faits sur l'Allemagne. N'y aurait-il pas en France un public assez indépendant et perspicace pour souhaiter juger par lui-même?

Bevor Breitbach mit einer Hommage an den siebzigjährigen Hermann Stehr schloß, den er – überraschend genug – als die »plus grande force créatrice de la littérature allemande« einschätzte, zählte er noch zwanzig Autoren auf, deren Bücher allesamt nicht weniger »proprement allemand« seien als die von Thomas Mann, Rilke, Hauptmann und George und die trotzdem den Franzosen weitgehend unbekannt geblieben seien: von Binding, Carossa, Paul Ernst und Hermann Hesse über Fallada, Oskar Loerke, René Schickele und Wilhelm Schmidtbonn bis zu Emil Belzner, Georg Britting, Alverdes und Mechow und (leider auch) den NS-Funktionären Blunck und Beumelburg. – Breitbach mochte selbst empfinden, daß sein Versuch, Autoren und Büchern auf einer Skala nationaler Qualitäten ein mehr oder minder großes Quantum »deutscher« Eigenschaften zuzumessen, höchst anfechtbar war. So suchte er sich seinen französischen Lesern durch Vergleiche mit besonders »französischen« Franzosen verständlicher zu machen: »leurs œuvres sont aussi spécifiquement et incontestablement allemandes que, *mutatis mutandis*, sont spécifiquement français les écrits de La Fontaine, [Anatole] France, [Maurice] Barrès ou [Charles] Péguy.«

In Breitbachs so unzeitigem wie temporärem Furor teutonicus mischte sich sein lebenslanges Bemühen, zum gegenseitigen Verständnis der Nachbarn Deutschland und Frankreich auf möglichst breiter Basis beizutragen, mit einem zornigen Affekt gegen die plötzlich als Gruppe ganz im Vordergrund der französischen Aufmerksamkeit stehende literarische Emigration, die nun vor dem Ausland so etwas wie

Alleinvertretung für zeitgenössische deutsche Literatur beanspruchte. (In dieser Hinsicht ähnelt die Kontroverse der etwas späteren um Eduard Korrodis Angriff auf die Selbstüberschätzung der Emigrantenliteratur [»Ghetto-Wahnsinn«] in der *Neuen Zürcher Zeitung* vom 26. Januar 1936, die Thomas Mann bewog, sich endlich öffentlich mit den Emigranten zu solidarisieren.)

Da Wochen vor Erscheinen schon Korrekturabzüge des Artikels unter Breitbachs Freunden kursierten, geriet er nach vielen Seiten in unerquicklich-polemische Korrespondenzen, wurde von Weiskopf als »ausgewachsener Konjunkturist« beschimpft (22. 5. 1934), von Hermann Kesten des »sinnlosen Verrats gegen Ihre bisherigen Freunde und gegen Ihre eigenen besseren Ansichten« geziehen (6. 6. 1934). Der Streit in Briefen setzte sich fort im Umfeld der polemischen Erwiderung, die Klaus Mann am 30. Juni im Pariser *Neuen Tage-Buch* veröffentlichte und in der er den bisherigen engen Freund[11] den »im Ausland etablierten Goebbels-Gehilfen« zurechnete:

> Viele von uns haben seine Arbeit oder Person gekannt und geschätzt. Er war vor Jahren linksradikal; seine Entwicklung ging dann ins europäisch Konservative. [...] Josef Breitbach wurde jenem Deutschland zugerechnet – und rechnete sich ihm selber zu, – das er heute als das falsche bezeichnet und von dem er behauptet, das die Welt sich zu Unrecht mit ihm beschäftigte. [...] Oh, elende Herabsetzung des Deutschen – das sich also, nach solcher Theorie, nur dann erhielte, wenn es sich auf ängstlichste oder aufs aggressivste abseits hält; wenn es uneuropäisch ist, ja: wenn es ungeniessbar ist für Europa.
>
> *Klaus Mann: Josef Breitbach, der richtige.*
> *In: Das Neue Tage-Buch. Hrsg.: Leopold Schwarzschild.*
> *2. Jg., Nr. 26. Paris/Amsterdam.*
> *30. Juni 1934. S. 615 f.*

Breitbach fühlte sich mißverstanden und verwies auf Details, die bei ihm tatsächlich anders lauteten als in Klaus Manns Wiedergabe. Vor allem aber fühlte er sich beleidigt durch die Beschimpfung als »Goebbels-Gehilfe«. Klaus Mann beharrte (schon in der Korrepondenz mit Breitbach, die dem Druck seiner Polemik vorausging): »Heute aber in Frankreich die vom deutschen Propagandaministerium protegierte Literatur herauszustreichen [längst nicht alle der von Breitbach genannten Autoren genossen die Gunst der Nazis] und die emigrierte, auf den Scheiterhaufen verbrannte, ganz im Tonfall der Nazi-Presse, als ›undeutsch‹, als ›westlich infiziert‹ zu bezeichnen [auch das stand so nicht bei Breitbach] – das heißt eben, sich zum ›Göbbels-Gehilfen‹ machen, ich kann dir nicht helfen« (23.6.1934). Da Breitbach schon seine öffentliche Entgegnung auf Klaus Mann vorbereitete, bot der ihm an: »Vielleicht kannst du – und gerade in deiner Antwort an mich – noch manches zurücknehmen. Dein Klaus« (ebd.). *Das Neue Tage-Buch* brachte die »Antwort an Klaus Mann« am 21. Juli 1934. Nach Richtigstellung einzelner Mißverständnisse und Zurückweisung von Unterstellungen pochte Breitbach (doch wohl allzu harmlos) auf das ihm gestellte Thema: »Mein Aufsatz behandelte nur die Frage: Soll man das übersetzen, was einem fremd ist oder was einem familiär ist, wenn man etwas ›Dokumentarisches‹ bieten will«, und gab gegen jede pauschale Gruppierung der behandelten Autoren nach politischen Lagern zu bedenken:

> In der »Literatur« gibt es seit einigen Jahren Parolen, die nichts mit Literatur zu tun haben, die politisch sind. Vor zwei Jahren hat man [in Deutschland] gedruckte Richtlinien entdeckt, die den Buchbesprechern der verschiedensten Rechtszeitungen im Reich Anweisungen gaben. Schriftsteller, deren parteimässige Einstellung in der Tagespolitik den Rechtskreisen nicht passte, sollten keinesfalls gelobt werden, auch wenn die zu kritisierenden Werke ganz unpolitisch waren. Es war eine richtige schwarze Liste. Man empörte sich zu Recht darüber. Nun,

sollen etwa in der Emigration ähnliche schwarze Listen geschaffen werden? Sie wären ebenso empörend wie die andere. Autoren, die früher galten, sind auf einmal schlecht geworden. Sogar die ehrwürdige Erscheinung Hermann Stehrs ist heute abgetan. Herr Goebbels, der da glaubt, die Literatur kommandieren zu können, kommt es mehr auf die Politik und die Propaganda von politischen Ideen an, als auf die Literatur. Will Klaus Mann ihm nacheifern?

Josef Breitbach: Antwort an Klaus Mann.
In: Das Neue Tage-Buch. Hrsg.: Leopold Schwarzschild. 2. Jg., Nr. 29. Paris/Amsterdam. 21. Juli 1934. S. 691 f.

Der Streit schien nach außen beigelegt; in ausufernden Korrespondenzen schwelte er weiter. Ihre Dokumentation könnte allein ein Buch füllen. Breitbach schickte (eine Woche vor Erscheinen seiner »Antwort«) die gedruckten Belege der Kontroverse mit weiteren Kommentaren an Thomas Mann, den er unter den lebenden deutschen Autoren am meisten verehrte. Thomas Manns Antwort:

Lieber Herr Breitbach:

Das ist eine dumme Geschichte, in die ich mich ungern einmische, aber da Sie sie mir vorlegen und mich hören wollen, muß ich sagen: auch ich habe Ihren Artikel mit Kopfschütteln und Unbehagen gelesen. Eine so sonderbare Gefühllosigkeit für die allgemeine Situation sprach mich daraus an, daß ich die erbitterte Reaktion Ihres Altersgenossen verstehen mußte, wenn ich sie auch bedauert habe. Sie haben ihn noch besonders in seiner Verehrung für seinen Onkel beleidigt, über dessen deutsche Leidensbücher Sie, ich kann mir nicht helfen, arge Spießereien sagen. Wie können Sie sich wundern über die Wirkung, die Ihr Artikel bei deutschen Emigranten getan hat, wenn Sie doch in dem redaktionellen

Vorwort zu dem Aufsatz haben lesen müssen, er nehme sich an mehr als einer Stelle aus, als sei er aus einem nationalsozialistischen Blatt übersetzt.

Es nützt wirklich nichts, zu erklären, Literatur habe mit Politik nichts zu tun. Das läßt sich nicht halten, heute bestimmt nicht. Stehr ist der Rennomier-Poet des deutschen Regimes; ihn von Paris aus »die größte schöpferische Kraft der deutschen Literatur« zu nennen, wäre eine Herausforderung, selbst wenn es wahr wäre. Es kann aber nicht wahr sein. Ein Schriftsteller, und sei er noch so »deutsch«, der sich von diesen Regenten feiern und hudeln läßt, ist ohne Bedeutung für den Weltgeist und damit auch für den wirklichen deutschen Geist. Deutsch sein will heute nicht viel besagen, und wer überhaupt mit den Begriffen »deutsch« und »undeutsch« arbeitet, der tritt zu den Feinden, zu denen, die heute in Deutschland ihr Unwesen treiben.

Daß das nicht Ihre Absicht war, glaube ich gern, und sachlich ist Ihnen zuzugestehen, daß die Bekanntschaft mit Manchem, was Sie nennen, den Franzosen recht wohl zu wünschen wäre. Aber man muß dieser Nation die Auswahl dessen, was sie von uns brauchen kann, wohl selbst überlassen, und schließlich befinden wir, die wir dort bekannt sind, uns nicht in schlechter Gesellschaft. Goethe, Heine, Hoffmann sind immer in Frankreich geliebt worden und neuerdings wird es auch Jean Paul. Daß außerdem viel Gleichgültiges hinüberkommt, hängt mit den Irrtümern und Überschätzungen zusammen, die die Optik von Land zu Land mit sich bringt, zum größten Teil aber handelt es sich dabei um internationale Gebrauchswaare, die immer leichter als das Gewichtigere die Grenzen überschreitet.

Das Übersetzungsproblem ist kompliziert und weitläufig, und es ließe sich Manches darüber sagen. Ihr Aufsatz aber mußte in diesem Augenblick als captatio in der Richtung des heute in Deutschland herrschenden Geistes wirken, und wenn ich Ihnen auch gern glaube, daß Ihnen mein Name nicht gewissermaßen als alibi dienen sollte, so konnte es garnicht fehlen, daß die durch Ihren Aufsatz am meisten Verstimmten es so verstanden.

Ihret wegen persönlich bin ich nun froh, zu hören, daß das Tagebuch Ihre Duplik doch noch bringen will. Diese zeigt jedenfalls, daß Sie sich die Sache zu Herzen nehmen und den gegen Sie erhobenen Vorwurf nicht auf sich sitzen lassen wollen. Vielleicht wird der Friede dadurch wieder hergestellt. Ich würde das aus menschlichen Gründen wünschen.

Mit den besten Grüßen Ihr ergebener Thomas Mann.

Thomas Mann an Joseph Breitbach.
Zürich-Küsnacht, 14. Juli 1934

Von friedlichem Einlenken blieb Breitbach weit entfernt. Das lag einfach nicht im Naturell des Hitzkopfes, der auf Einzelnachweisen von Mißverständnissen bestand (in dieser Hinsicht ganz der rechthaberische »Monsieur Tüpfeli«, als den seine Mutter ihn schon als Buben geneckt hatte) und darüber die große Mißverständlichkeit seiner Thesen unter den gegebenen politischen Umständen aus den Augen verlor. Er überzog Thomas Mann und René Schickele mit Briefen, die sich zu wahren Abhandlungen auswuchsen und die in vieler Hinsicht noch angreifbarer waren als sein Artikel in der *Revue Hebdomadaire*. Zu allem Überfluß hatte er zur Schadensbegrenzung auch noch einen abwehrenden Briefwechsel mit Karl Rauch, dem neuen Herausgeber der *Literarischen Welt* (nun unter dem Titel *Das deutsche Wort*) zu führen, der Breitbachs Pariser Artikel nur zu gern für die neue Linie seines Blattes ausschlachtete.[12] Aus dem ›Reichsverband deutscher Schriftsteller‹ trat er am 17. Juli 1934 aus, gut zwei Wochen nach der Ermordung Röhms und seiner angeblichen Mit-Verschwörer, und schrieb an den

Verbandspräsidenten Hans Friedrich Blunck: »Das unwürdige Verhalten des Verbandes macht mir eine weitere Mitgliedschaft unmöglich.« Sein Abonnement des *Inneren Reichs* kündigte er am 1. April 1935. Von all dem unberührt blieben Breitbachs fortgesetzte Bemühungen, Bücher von Paul Alverdes und Hans Grimm aus dem Langen-Müller Verlag, auch Werke von Albrecht Schaeffer und Ernst Jünger, Georg Britting und Jochen Klepper an französische Verleger zu vermitteln. Eine Versöhnung mit Klaus Mann scheiterte, weil Breitbach auch 1937 noch auf öffentlicher Rücknahme des Vorwurfs bestand, er sei ein »Goebbels-Gehilfe« gewesen. In friedliche Bahnen lenkte dagegen seine Korrespondenz mit Thomas Mann, der ihm versöhnlich schrieb:

> Ich lebe hier sehr für mich, fern von Emigrantenkreisen, und will gern glauben, daß da auch nicht alles vom besten und schönsten ist. Andererseits verstehe ich die wunde Reizbarkeit dieser Menschen und habe meine eigene Wundheit darin gespürt, daß auch mir Ihr Artikel tatsächlich etwas auf die Nerven ging. Das habe ich Ihnen eingestanden und hoffe im Übrigen, daß Sie aus meinem Brief kein Übelwollen herausgelesen haben. Ganz recht kann ich Ihnen nicht geben. Freiheit und Objektivität sind gute Dinge, aber drüben stehen sie ja nicht in Geltung, und es ist eine Gefühlsfrage, ob man ihnen in diesem Augenblick ostentative Opfer bringen mag. Hamsun ist ein alter Mann, ein Ausländer, der dem Deutschland von einst viel verdankt, und dem es darum nicht schlecht ansteht, sich freundlich über Deutschland zu äußern. Daß er ein wundervoller Künstler war, steht außer allem Zweifel. Von den guten Büchern aber, die einer oder der andere von den inneren Mitmachern früher geschrieben haben mag, schweigt man heute besser (was ja noch nicht sie verneinen heißt); und vom *Taugenichts* [Eichendorffs] könnte ich heute nur schreiben, weil sein Deutschtum ja das strickte Gegenteil des herrschenden ist. –
>
> *Thomas Mann an Joseph Breitbach.*
> *Küsnacht-Zürich, 6. September 1934*

Einen Schlußpunkt setzte Breitbachs entschiedenes, auch finanzielles Engagement für die von Thomas Mann und Konrad Falke in Zürich herausgegebene und von Breitbachs Freund Ferdinand Lion redigierte »Zweimonatsschrift für freie deutsche Kultur«: *Mass und Wert*, in deren erstem Heft im September/Oktober 1937 auch sein Romankapitel »Die Rückkehr« (der spätere *Clemens*) erschienen ist.

BRIEFE AUS PARIS

»Ohne dies gesucht zu haben, bin ich nach dem Kriege in die deutsch-frz. Dinge eingespannt worden und nach dem kleinen Finger ist der ganze Arm in die Mühle geraten. Es vergeht kein Tag ohne diesbezügliche Besuche, Besprechungen oder sonstige Beanspruchung« (Joseph Breitbach an Hans Paeschke, den Mitherausgeber des *Merkur*, Paris, 22.12.1953). – Den Zweiten Weltkrieg hatte Breitbach, zeitweise für den französischen Nachrichtendienst tätig, anfangs in Zürich und Bern, dann in Südfrankreich, meist in Marseille, seit Anfang 1943 in Verbindung zur Résistance und mit falschem Paß unter dem Namen Joseph François Brion in und bei Clairac (zwischen Bordeaux und Toulouse) überlebt. Ende 1944 war er nach Paris zurückgekehrt und schrieb nach Kriegsende gemeinsam mit Jean Schlumberger (wie schon vor dem Krieg) Artikel für den konservativen *Figaro*, vornehmlich über deutsch-französische Nachkriegsfragen. Schlumberger und er bemühten sich gemeinsam um die deutschen Kriegsgefangenen in Frankreich, auch um korrekte Prozesse gegen ehemalige Nazifunktionäre in Frankreich wie den gegen den Botschafter Otto Abetz, der 1949 in Paris zu zwanzig Jahren Zwangsarbeit verurteilt und 1954 begnadigt wurde. Von 1949 bis 1951 (sporadisch auch später noch) schrieb Breitbach politische und literarische Berichte aus Frankreich für die Wochenzeitung *Die Zeit* unter einem dem Mädchennamen seiner Mutter entlehnten Pseudonym: Jean-Charlot Saleck. Als von 1950 an die Bundesrepublik Deutschland mit Wilhelm Hausenstein wieder einen offiziellen Vertreter in Paris hatte, konnte Breitbach dem Diplomaten auf seinem besonders heiklen Posten Wege ebnen, Türen öffnen, etwa mit einem Empfang durch Pierre Brisson, den Direktor des *Figaro*:

> […] er hatte die Noblesse, dem Rat einiger von seinen Freunden, hauptsächlich wohl Schlumbergers und Joseph Breitbachs, zu vertrauen und zu entsprechen. […] Das Wichtigste jedoch war das Faktum an sich, daß der *Figaro*, die große konservative Tageszeitung, es für tunlich gehalten hatte, den deutschen Generalkonsul durch einen Lunch auszuzeichnen, ihm also Vertrauen entgegenzubringen. Mit sehr empfundenem Dank gedenke ich an dieser Stelle auch der Gastfreundschaft, die meiner Frau und mir alsbald von dem Marineoffizier Favier […] erwiesen wurde – durch den nach beiden Seiten so freundschaftlichen Impuls Joseph Breitbachs vermittelt, dem ich während der fünf Pariser Jahre überhaupt besonders viel zu danken hatte. Die eigentlichste Basis meiner Tätigkeit war ja überhaupt in der Kunst beschlossen, von Mensch zu Mensch die einzelnen Kontakte zu gewinnen […]

Wilhelm Hausenstein: Pariser Erinnerungen.
Aus fünf Jahren diplomatischen Dienstes 1950–1955.
München: Günter Olzog, 1961. S. 51

Denselben Grundsätzen folgte auch Joseph Breitbach, wenn er Hans Paeschkes Einladung zur Mitarbeit an einem Heft des *Merkur* über deutsch-französische Fragen mit folgender Begründung ablehnte: »Mein hiesiges Wirken spielt sich nicht vor der Öffentlichkeit ab. Hüben und drüben kennt man mich nur in den Ministerien und deren gesellschaftlichen ›Nebenstellen‹. Diese Zurückhaltung nach aussen hat sich sehr förderlich ausgewirkt« (J. B. an H. P., Paris, 22. 1. 1954). Wenn Paeschke Passagen oder Gedanken aus seinen Episteln »brauchbar für einen ›Brief aus Paris‹ erschienen«, so möge er sich doch einfach bedienen und seinen eigenen Namen darunter setzen. »MIR kommt es in diesem Fall doch nur darauf an, dass diese Dinge gesagt werden und wenn *Sie* sie sagen, ist es bestimmt wirkungsvoller als unter meiner Signatur.«

> Ich habe in all den Jahren immer wieder die Erfahrung gemacht: Geheime, vor allem aber nicht in der *Presse* erhobene Vorstellungen, Proteste u.s.w. haben in den *meisten* Fällen Erfolg gehabt, wenn man hier nachweisen konnte, dass Unrecht geschehen war oder [...] zu geschehen drohte. [...] Jeder aus Deutschland stammende Ausdruck der »Empörung« über die Abrechnung, die Frankreich zu Recht oder zu Unrecht, mit den deutschen Kriegsverbrechen vorgenommen hat, gibt der frz. Linken und den frz. Opfern der Naziherrschaft Waffen gegen die frz. Justiz, die unter einem in Deutschland masslos unterschätzten Druck der in diesen Fällen so leicht beeinflussbaren öffentlichen Meinung steht. Die ständigen Hinweise auf Dresden in den deutschen Zeitungsartikeln über Oradour [Ort in Südfrankreich, den die SS am 10. Juni 1944 eingeäschert und dessen Einwohner sie umgebracht hatte] hatten folgende Wirkung hier: sie machten evident, dass man in Deutschland Warschau, Rotterdam, Belgrad und Hitlers »Ausradieren« der engl. Städte bereits vergessen hat. [...] Hat je einer in Deutschland gesagt, dass das

unsägliche Los der aus dem Osten vor den Russen geflüchteten oder dort von den Polen und Russen umgebrachten Menschen nichts anders als die Replik auf Vorangegangenes ist, das die Deutschen sich selber zuzuschreiben haben, so schuldlos der Einzelne auch ist! [...]

Wie jeder Mensch willentlich oder unwillentlich an seinem Mitmenschen schuldig wird, so jedes Volk an den anderen Völkern. Deshalb brauchen die Völker Zensoren, wo diese fehlen wird das Volk blind. [...] Den Jaspers, Dirks, Kogon stehen oder standen keine grosse[n] deutsche[n] Zeitung[en] offen, ihre Kritik wurde nie im Parlament diskutiert. *Hier* dagegen haben z. B. Mauriacs Angriffe auf die Zustände in Marokko ungewöhnliche Wirkungen im Parlament ausgelöst [...]

Joseph Breitbach an Hans Paeschke. Paris, 22. Januar 1954

Ein ganz kurzer Auszug nur aus einem der zahllosen und berühmten, wohl auch berüchtigten überlangen Briefe Breitbachs (dieser umfaßte nur acht Schreibmaschinenseiten, nicht selten waren es zehn oder zwölf mit detailliertesten Darstellungen, Resümees, Analysen aus dem politischen und gesellschaftlichen Tagesgeschehen) – und Breitbach fügte hinzu: »Also, mein lieber Paeschke, wenn Sie eine Bestandsaufnahme im Moralischen machen, und Ihnen der eine oder andere meiner Gedanken brauchbar scheint, benutzen Sie sie.« Hans Paeschke bedankte sich: »Ihre Briefe sind wahre Prachtexemplare, für Beiträge unter dem Titel ›Briefe aus Paris‹ leider zu prächtig und interessant. Dennoch wollen wir Ihre beiden letzten Epistel einmal vornehmen und versuchen, ob sich daraus ein Beitrag für unseren Glossenteil schneidern läßt.« (H. P. an J. B., München, 30. 1. 1954)

Für seine Verdienste um die deutsch-französischen Beziehungen nach dem Zweiten Weltkrieg erhielt Breitbach am 5. November 1969 das Große Bundesverdienstkreuz. Seinen Dank bekundete er als Franzose:

Meinen Dank für die Auszeichnung mit der die Bundesrepublik mir eine so hohe Ehre erweist, kann ich nicht aussprechen, ohne zuvor zwei meiner Mitbürger zu gedenken, deren Verdienste um die Versöhnung Frankreichs mit Deutschland grösser waren als die, die Sie *mir* zuschreiben. Denn meine Demarchen, und sagen wir es ruhig, meine Bittgänge fanden in der Stille statt, bei Journalisten, bei Abgeordneten, in Ministerien und bei politisch einflussreichen, aber meist sehr kapriziösen Frauen. Jene Männer jedoch, um sie gleich zu nennen, der Schriftsteller Jean Schlumberger und der Herausgeber des *Figaro* Pierre Brisson, setzten das politische Prestige, das sie im Widerstand gegen die Besatzung erworben hatten, vor einer Öffentlichkeit aufs Spiel, die gegen unser Nachbarvolk mehr als eingenommen war nach den moralischen und materiellen Miseren, die jede fremde Besatzung mit sich bringt.

[...] Den Erfolg haben Sie in Deutschland gespürt. Es wäre unloyal wenn jetzt nicht auch jenes Deutschen [gedacht würde,] der, sozusagen in der Schusslinie an diesem Erfolg beteiligt [war]. Ich spreche von dem ersten Geschäftsträger, den die Bundesrepublik nach dem Kriege in Paris akkreditieren liess, dem späteren Botschafter Wilhelm Hausenstein. [...]

Ich möchte nur mit dem Hinweis auf diese drei Männer, das, wofür Sie mich heute auszeichnen, in das Licht setzen, das der Bescheidenheit meiner damaligen Bemühungen entspricht.

Joseph Breitbach: Aus dem Entwurf seiner Dankworte für die Auszeichnung mit dem Großen Bundesverdienstkreuz am 5. November 1969

Unter den Zuhörern seines Stuttgarter Vortrags über Jean Schlumberger am 30. Oktober 1952 war auch der junge Joachim Kaiser, damals noch Student in Frankfurt und freier Mitarbeiter der *Frankfurter Hefte*, der dem Redner zu bedenken gab: »Wahrscheinlich gibt es auch heute nicht allzu viele Schriftsteller, die ihre eigenen Arbeiten in eine andere Sprache übersetzen. Haben Sie über die gewiß abenteuerlichen Erfahrungen, die Sie dabei machten, irgendetwas veröffentlicht? […] Für Sie sollte es nun doch recht interessant gewesen sein, zu vergleichen, wohin das eine sprachliche Medium führt und wohin das andere, wohin Sie auf dem einen Strom schwammen und wohin auf dem anderen. Wäre es nicht lohnend und lustig, wenn jemand, der so distinkt denken kann wie Sie […] der zu verschwommenem ›Sprachgeist‹-Schwafeln so wenig neigt wie Sie, wäre es nicht gut, wenn ein solcher jemand seine Erfahrungen über diese beiden Medien einmal zu Papier brächte?« (J. K. an J. B., Frankfurt a. M., 19. 11. 1952).

Nur wenige Notizen darüber hat Joseph Breitbach veröffentlicht, übrigens erst *nach* der Erkundigung von Joachim Kaiser: Glossen zu den Mühen des Übersetzens und zum Los der nie »angeborenen«, immer in früher Jugend erworbenen Zweisprachigkeit (»angeboren« sei eher das Nebeneinander von Dialekt und Hochsprache). Die *Mutter*sprache sei nicht eigentlich die der Mutter, sondern »immer die der Spiel- und Schulgenossen, unter denen das Kind groß wird, also die des Landes, wo es in dem Alter wohnt, das die entscheidende sprachliche Prägung vollzieht, auch wenn dieses Land nicht die Heimat der Eltern ist.« Zweisprachigkeit setze eine Art Zwangsakt gegen diese Muttersprache voraus, werde zum Beispiel »durch einen Willensakt der Eltern«, meist durch den Zwang zur familiären Konversation in einer anderen Sprache, »den Kindern aufgezwungen.«

> Wer ein echter Zweisprachiger ist, leidet, sobald seine Gefühle oder Sinne nach höchstnuanciertem Ausdruck suchen, bewußt oder unbewußt, an dem qualvollen Abwägen der Werte seiner beiden Sprachen. Diese häufige Beunruhigung seiner sprachlichen »sensibilité« [...], der sich immer wieder aufdrängende aber utopische Wunsch: Aus beiden Sprachen das jeweils Genauere oder Schönere zu wählen, muß zwar nicht, kann aber bei einem von der Sprache so abhängigen Künstler, wie es der des Wortes ist, zu einer Schwächung seiner ganzen Persönlichkeit führen.

Joseph Breitbach: Sanfte Ketzereien zur Zweisprachigkeit.
In J. B.: Feuilletons zu Literatur und Politik.
Hrsg. von Wolfgang Mettmann. Pfullingen: Günther Neske, 1978. S. 195f. –
Zuerst in: Almanach de la Librairie Flinker. Paris 1961. S. 14–16

Die Unbefangenheit eines Übersetzers sah Breitbach durch Zweisprachigkeit eher gefährdet. Ohnehin war ein »guter Übersetzer« für ihn »ein Mensch, der wissentlich, und zwar auf immer, die Ruhe seiner Seele geopfert hat, denn noch ehe er seine Arbeit beginnt, weiß er schon, daß er dazu verurteilt ist, das Original nur annähernd wiederzugeben; die Vorwürfe, denen er sich unweigerlich aussetzt, kennt er im voraus.«[13] An Hans Henny Jahnn, für dessen Hauptwerk *Fluß ohne Ufer* er nach einem Verleger in Frankreich suchte, schrieb er:

> [...] auch bin ich wie alle zweisprachigen Menschen kein guter Übersetzer, da mich die Skrupel umbringen, empfindet doch einzig der wirkliche Empfinder (also nicht der objektive Kenner) der beiden Sprachen was bei jeder, auch der besten Übersetzung verloren geht. Ich glaube nicht an die Möglichkeit des Übersetzens. Wohl aber daran, daß man ein Werk vorstellen kann wie eine Person von der man ja gleichfalls zunächst nur das Äussere sieht, das Innere im besten Fall ahnt

> und die man erst erfasst in der Intimität, die hier also die Ursprungssprache ist.
>
> *Joseph Breitbach an Hans Henny Jahnn. 5. März 1955*

Und an Carl Jacob Burckhardt, dem an einer französischen Ausgabe seines Briefwechsels mit Hofmannsthal gelegen war:

> Die Möglichkeit einer dem Original gleichwertigen Übersetzung besteht deshalb nicht, weil die frz. Sprache sie nicht hergeben kann. Auch die beste Arbeit wird nur ein à peu près sein. Ihre so unverwechselbar kräftige und beseelte Sprache, wo Substanz und Form untrennbar sind, wird sich im Französischen nur getrennt in Substanz und Form wiederfinden. Dennoch sollten Sie sich mit dieser Wertverminderung abfinden, denn es wird genug Substanz bleiben, und wenn der Übersetzer sich Mühe gibt, wird der französische Leser immerhin wenigstens ahnen, dass er nur etwas aus einem Ganzen Herausgelöstes in einer Ersatzfassung vor sich hat, das im Original ein Plus an Werten aufweist.
>
> *Joseph Breitbach an Carl Jacob Burckhardt.*
> *Braffy (Normandie), 1. Dezember 1956*

Trotz der Erkenntnis, daß er wegen seiner Zweisprachigkeit kein guter, weil allzu skrupulöser Übersetzer sei, sah er sich immer wieder zum praktischen Übersetzen genötigt, wenn er nämlich die zunächst von anderen angefertigten Übersetzungen seiner eigenen Bücher durchsah und regelmäßig so darüber erschrak, daß er sich doch noch selbst ans Werk machte. »Die Gegenüberstellung[en] meiner deutschen Texte mit der französischen Übersetzung machen mich immer krank«, schrieb er an den befreundeten Leiter des Insel Verlages, Fritz Arnold, und weiter: »Die Armut der französischen Sprache kann jeden der Englisch, Deutsch und wohl auch Russisch kann, zur Verzweiflung bringen.«

(J. B. an F. A., Paris, 20. 1. 1961). Wie sollte angesichts der Schwierigkeiten des Französischen mit Konjunktiv und indirekter Rede eine Übersetzung des *Berichts über Bruno* gelingen, der ganz von diesen Stilmitteln lebt? »Claude Gallimard ist verzweifelt oder stellt sich so«, klagte Breitbach. »Niemand wolle mich übersetzen, weil ich jeden Fehler sähe. [Jean] Lambert, der sich anbot (Gides Exschwiegersohn), habe ich meinerseits abgelehnt, er kann weder frz. noch deutsch [hatte aber doch immerhin das *Clemens*-Kapitel ins Französische übersetzt]« (an Fritz Arnold, Braffy, 22. 8. 1963). Trotz Herzanfällen und gesundheitlichen Zusammenbrüchen machte er sich also schließlich doch selbst an die Arbeit – nach einem Rezept, dem kein Übersetzer, nur der Autor selbst folgen darf: Neuschreiben.

> Was die französische Ausgabe betrifft: die Übersetzung, die die belgische Hellenistin und Germanistin Marie Delcourt gemacht hat, erscheint nicht. Ich habe drei Monate darauf verschwendet, die unmögliche Arbeit zu verbessern, mich durch den ständig dabei empfundenen Ärger physisch krank gemacht und schliesslich den Entschluss gefasst, den Roman noch einmal zu schreiben, direkt auf französisch. Damit bin ich im Oktober fertig geworden. Ohnedies monatelang bettlägerig, hätte ich wahrscheinlich in der gleichen Zeit nichts Neues gearbeitet. Dennoch betrachte ich es als eine böse Zeitverschwendung, dass ich das Buch ein zweites Mal habe schreiben müssen. Ich bin dabei folgendermassen vorgegangen: ich las jeweils eine Seite der deutschen Ausgabe und schrieb sie dann, dem Inhaltlichen möglichst nahe bleibend, ins Französische umgedacht und umempfunden nieder. Auf diese Weise ist es natürlich zu einigen hundert Varianten gekommen. Und wie ich dabei über die Armut der französischen Sprache gestöhnt habe […]. Was mich am meisten zur Verzweiflung brachte, war das Fehlen zusammen-

gesetzter Verben, die ein Handeln plastisch bildhaft ausdrükken. Wie wollen Sie zum Beispiel im französischen sagen: »Ich liess mir die Zeitung von dem Chauffeur hinausreichen.« Ich muss es mir verkneifen, Ihnen die Hunderte deutscher Ausdrücke [...] aufzuzählen, für die es im französischen nur elende Abstrakta gibt. Es ist eben eine Sprache der Rhetorik, der Analyse und der Vereinfachung, während das Deutsche und das Englische ganz herrlich im Auffächern der Nuancen, Genauigkeiten erreicht, die man einem Franzosen, der weder Deutsch noch Englisch beherrscht, nicht einmal erklären kann. (Der Wahrheit halber, dieses in Klammern: auf einen meiner Stöhnbriefe gegen diese ›elende Sprache‹, schickte mir die Hauptlektorin des Insel Verlages einen Brief zurück, in dem ich mich zur Zeit der deutschen Niederschrift des *Bruno* mit ungeheurer Bitterkeit über den Mangel an Partizipien im deutschen beklagt hatte. [...])

Joseph Breitbach an Werner Kraft. Paris, 28. November 1964

Günter Herburger, dessen erster Prosaband *Gleichmäßige Landschaft* gerade ausgeliefert wurde (noch im selben Jahr sorgte Breitbach für einen Vertrag mit Gallimard), schrieb dem erschöpften Bearbeiter des französischen *Bruno*: »Ich wünsche noch einen schönen Herbst in Braffy und Erholung von der im Französischen mangelnden indirekten Rede der Gegenwart, ich kann mir vorstellen, daß Sie beinahe wahnsinnig geworden sind« (Berlin, 23.9.1964). *Rapport sur Bruno* erschien im Dezember 1964 bei Gallimard. Der Autor wurde für die französische Neufassung seines Romans 1965 mit dem Prix Combat ausgezeichnet. Eine gute Freundin und weltberühmte französische Kollegin Breitbachs, Marguerite Yourcenar, hat den französischen *Bruno* »à peu près d'une traite« gelesen und war vielleicht am ehesten berufen, die Neufassung zu beurteilen. Zugleich erlaubt ihr unbefangenes Erstaunen über den so außerordentlich »französischen« Charakter des *Rapport* einen verständnisvollen Blick zurück auf Breitbachs Distinktionen deutscher und französischer Eigenschaften literarischer Werke im Jahre 1934:

> L'ouvrage est extrêmement intéressant, à bien des points de vue, et à sa manière, à ce qu'il me semble, unique. (Mais suis-je là bon juge? Je lis peu de romans, leur étant allergique, bien que j'en écrive moi-même.) Pour ceux qui, comme moi, savent qu'il s'agit d'un ouvrage allemand ré-écrit par l'auteur en français, l'intérêt est double ou triple. J'ai immédiatement pris le texte allemand et essayé de m'y aventurer pour comparer. Il me semble que sur certains points au moins le *Bruno* français est plus développé, et au contraire réduit sur d'autres, ce à quoi il fallait s'attendre. Ce qu'il y a d'extraordinaire, c'est à quel degré, presque paradoxal, ce *Bruno* français est français. Ligne qui passe par le théâtre et le récit classiques, par St.-Simon, par Stendhal, méthode qui consiste à montrer plutôt les relations de personnages entre eux que ces personnages eux-mêmes (plutôt la géometrie et l'algèbre des situations que la chimie des individus) et à donner même du concret une présentation abstraite. […] Puis, toujours comme chez Stendhal ou dans la tragédie classique, la catastrophe se produit, et tout s'arrange ou se dérange en termes clairs et non plus chiffrés. Comprenez que ce que j'essaie de définir ainsi me paraît une réussite, et une réussite inattendue venant de l'auteur de *Rival et Rivale* (que j'apprécie aussi beaucoup). C'est un autre monde.
>
> […] Vous avez écrit là un livre contre l'hypocrisie et le mensonge, et c'est aussi un aspect très français de l'ouvrage qu'il y ait à l'intérieur un moraliste caché.
>
> *Marguerite Yourcenar an Joseph Breitbach.*
> *Petite Plaisance, Northeast Harbor, Maine [USA], 17 février 1965*[14]

LEIPZIGER-STRA
TIETZ
XANDER-PLATZ
TIETZ
B

Marx, Mehrwert und Mitbestimmung

LITERATUR AUS DEM WARENHAUS

Und der faule Verkäufer der Büchereiabteilung! Man traut seinen Augen kaum, bedient wahrhaftig einmal fleißig einen Kunden. Mit beiden Händen, nach zwei Seiten zugleich, teilt er seine Schätze aus und lacht dabei.« – Nur eine flüchtige Wahrnehmung des Liftjungen Karl, Joseph Breitbachs Hauptfigur in der Titelgeschichte seines ersten Buches, *Rot gegen Rot*,[15] einer Ende 1928 erschienenen Sammlung von drei Erzählungen aus dem Warenhausalltag.

Freunde des 25 Jahre alten Debütanten mochten in dem Schnappschuß ein Selbstporträt des Autors erkennen. Der hatte, als er zu Ostern 1921 am Kaiserin-Augusta-Gymnasium in Koblenz nicht nach Oberprima versetzt worden war (»mangelhaft« in Latein und Mathematik waren schuld daran), die Schule verlassen, um Buchhändler zu werden, machte aber eine Lehre bei der heimischen Tageszeitung, der *Rheinischen Rundschau* (1921–23), arbeitete anschließend für deren Sportteil und Literaturblatt und erst danach, von April 1924 bis August 1925, in der Buch- und Musikalienabteilung des Warenhauses Leonhard Tietz in Koblenz. Eine Anstellung im Augsburger Warenhaus Landauer schloß

links Reklameseite der Berliner Hermann-Tietz-Warenhäuser. In: *Der Welt-Spiegel*, 28. Jg., Nr. 42, 14. Oktober 1928, S. 23 (Ausschnitt).

sich an, bis Ende 1928. Einer seiner literarischen Freunde aus diesen frühen Jahren, Jürgen Eggebrecht, hat sich ein Menschenalter später erinnert: »Es bleibt in unserer Jugend eingegraben, daß ich Sie [...] da oben im Warenhaus Landauer besucht habe und Sie mir ein Reclamheft verkauften« (J. E. an J. B., München, 26.11.1959) und: »Natürlich erinnere ich mich an Augsburg, an den ›Kelch‹, an das Mittagbrot in den ›Drei Mohren‹ [...]. Ihr Bild ist so jung und des süßen Lebens voll, wie es nicht mehr sein kann. ›Löwenmäulchen‹ höre ich Sie noch von Ihrer Tante sagen und dabei habe ich Ihre Stimme, etwas rheinisch, etwas durchtrieben, im Ohr.« (J. E. an J. B., Warberg/Helmstedt, 23. 7. 1953)

Diesen unbeschwerten Jahren setzte ausgerechnet die Publikation des Erstlings ein Ende, das über Augsburg hinaus Aufsehen erregte. Breitbach hatte nicht nur sich selbst im Vorbeigehn porträtiert. Auch Verkäuferinnen und Lehrmädchen, der Chef und die Abteilungsleiter erkannten sich wieder. Der Nestbeschmutzer wurde entlassen:

> Am 3. Dezember [1928] erschien [...] unter dem Titel *Rot gegen Rot* ein Band Warenhausgeschichten. Der Autor, ein Angestellter des Warenhaus-Konzerns *Landauer*, hat in seinen Erzählungen die Kulissen des Warenhauses ein wenig beiseite geschoben, hat gezeigt, daß hinter der schreienden Reklame, hinter den dekorativen Schaufensterbehängen, hinter der bunten Drapierung der Räume, krasse Ausbeutung, Überstundensystem ohne Bezahlung, Nadelstiche und Schikanen der Abteilungsleiter und Rayonchefs und deren Gelüste stehen, ihre Machtbefugnisse auch außerhalb des Betriebes auf das weibliche Personal auszudehnen. [...]
>
> In unserem Kaufhaus rief das Buch, da wir alle den Autor kannten, und die geschilderten Dinge zum Teil miterlebten und miterleben, großes Aufsehen hervor. Die Angestellten diskutierten über die Figuren der Erzählungen und freuten sich über den oder jenen Abteilungsleiter, der besonders realistisch

geschildert wurde. Aber nicht nur wir beschäftigen uns mit dem Buche. Auch die Zentrale des Konzerns in Stuttgart beschäftigte sich intensiv mit dem Buch und dem Autor und verlangte seine Entlassung. Am 13. Dezember wurde dem Kollegen *Breitbach* eröffnet, daß die Zentrale des Konzerns es nicht für angängig halte, einen Angestellten, der ein solches Buch schrieb, noch einen Tag länger als es mit der gesetzlichen Kündigungsfrist zu vereinbaren wäre, in ihrem Hause zu dulden. [...] So wurde dem Autor der Warenhausgeschichten auf 31. Januar 1929 gekündigt. Natürlich wäre dem Kollegen das Recht der Klage gegen den Entlassungsgrund zugestanden. Aber selbst, wenn der Prozeß zu seinen Gunsten entschieden worden wäre, so hätten die Landauer immer noch juristische Möglichkeiten gehabt, ihn in Bälde zu beseitigen. Das wird folgendermaßen gemacht. Ein Posten Ware, den der betreffende Angestellte der »fertig« ist eingekauft hat, geht nicht besonders gut im Verkauf, schon ist juristisch ein Kündigungsgrund gegeben.

Der Kollege B. der das kommen sah, zog es natürlich vor, bereits vor Weihnachten zu gehen. Das alles hindert natürlich die Landauers nicht daran, von persönlichen *sozialen* Gefühlen zu sprechen, hindert sie nicht daran, die Weltbühne und verschiedene links stehende Blätter zu halten, nach den Büchern des Malik-Verlages zu greifen und sich mit den Mappen von George Grosz zu amüsieren. Warum auch nicht?

Angestellten-Korrespondenz 1752 in: Neue Zeitung. München, 26. Januar 1929

Es kann sein, daß Breitbachs Buch der Geschäftsleitung gerade recht kam, einen durch publizistische Betriebsamkeit in linken Blättern und durch frühe Sympathie mit der KPD längst verdächtigen Mitarbeiter endlich loszuwerden. »Als ich, mit meinen 17 Jahren, in die Partei eintrat, lebte man in einem Advent«, erinnerte sich Breitbach 1978, »bis in die Mitte der zwanziger Jahre hinein durfte man guten Gewissens Hoffnungen auf die Entwicklung in Russland setzen« (J. B. an Joachim Kaiser, 19.1.1978). Schon seit 1925 veröffentlichte er hin und wieder in der von Elena Gottschalk verlegten und von Gerhart Pohl herausgegebenen *Neuen Bücherschau*, zumeist über französische Literaten (Jacques Rivière, Henri Barbusse, Luc Durtain), aber auch programmatisch, als Sprecher seiner Generation. So lieferte er den gewichtigsten Beitrag, als *Die neue Bücherschau* im Frühjahr 1927 jungen Autoren ein Forum bot, um die zu Anfang des Jahres in der *Literarischen Welt* als Neujahrswünsche veröffentlichten *Worte an die Jugend* von Thomas Mann, Josef Ponten und René Schickele gebührend zu beantworten: *Worte an die Alten* .... Nur den später von ihm so sehr verehrten Thomas Mann hielt der 23jährige Breitbach einer Antwort überhaupt für würdig: »Sie malen die Schreckensworte: ›Partei, Terror, Ungeistigkeit‹ mit Aufbietung aller Diskretion an die Wand.« Dagegen verteidigte er das Recht der Jugend auf die »grausesten Irrtümer«: »Lassen Sie diese Jugend doch hassen und lieben, was ihr während ihrer Entwicklung des Wegwerfens und Ansichreißens wert erscheint.« Und weiter:

> Vergessen Sie nicht, daß keine Generation die Jugend so enttäuscht hat wie die Ihre. Sie selbst brechen den *Zauberberg* [1924] da ab, wo er anfangen könnte, der Jugend brennendstes Interesse zu gewinnen. Eine gewichtige Zwischengeneration ist kaum vorhanden. Schauen Sie einmal in das Herz dieser Zwanzig-, Fünfundzwanzigjährigen, die nicht verstehen können, wie die Väter aus dem Krieg heimkamen und sich an den Tisch setzten, als sei nichts geschehen. Müssen denn nicht die Aufrichtigen [...] beim Anblick dessen, was geschehen ist, geschieht und wie die Geistigen der Nation sich dazu verhalten, zunächst Schreie der Enttäuschung, Empörung, also auch des Hasses ausstoßen [...]. Sollte diese rechthaberische

Jugend dem Wesen des Geistigen nicht näher sein als die, die den Problemen der Zeit nicht ins Gesicht zu schauen wagt, sich einer unechten oder morbiden Resignation hingibt und das kulturelle Erbe ihrer Vorgänger, ohne es sich verdient zu haben, lächelnd antritt.

Worte an die Alten ... In: Die neue Bücherschau. 6. Jahr, 4. Folge, 5. und 6. Schrift [März 1927]. S. 195–203. Breitbachs Beitrag S. 197–200, hier S. 198f.

Joseph Breitbach definierte also den radikalen Bruch seiner Altersgenossen mit der Vätergeneration sehr ähnlich, wie es vierzig Jahre später die Achtundsechziger tun würden. Erklärt sich daraus – bei aller Unvereinbarkeit mit seinen längst gewandelten politischen Grundsätzen – auch seine freundschaftliche Offenheit für diese jungen Leute: von Günter Amendt über Günter Herburger, Christian Enzensberger und Yaak Karsunke bis zum (damals noch) Marxisten Martin Walser?

Die Welt des Warenhauses war ein neuer Stoff, wie geschaffen für eine Literatur, die nach ihrem Selbstverständnis ›neu‹ und ›sachlich‹ sein wollte. Bei Wertheim und Tietz gab es sogar Dichterlesungen, etwa mit Heinrich Mann. – Schon damals hatte Breitbach immer ›alles gelesen‹, was seine Themen betraf. So erinnerte er sich gleich, als 1960 Oscar Bies Essay *Das Waarenhaus* aus der *Neuen Rundschau* von 1901 in einer der retrospektiven S.-Fischer-Anthologien *Der goldene Schnitt* neu gedruckt wurde, an seine lange zurückliegende Lektüre des Aufsatzes. Aber in solchen frühen Darstellungen blieb das Warenhaus ein Objekt architekturhistorischer oder sonstwie von außen kommender Analyse. Bie nahm die Rhythmen der von Eisen und Glas bestimmten Fassaden als »jambische« oder »trochäische Ordnung« wahr. Und in Paul Göhres soziologisch gemeinter Darstellung *Das Warenhaus*[16] greift die Überzeugung von der »ästhetisch notwendigen Wirkung« aller Details des von Alfred Messel entworfenen Berliner Warenhauses Wertheim am Leipziger Platz auf die ornamentalisierende Beschreibung der Arbeitsvorgänge über. Der spektakuläre Bau des Kaufhauses Schocken (1926–28) in Stuttgart von Erich Mendelsohn führte auch den Zeitgenossen Breitbachs vor Augen, daß ein Warenhaus krönendes Werk der allerjüngsten Architektur sein konnte. In der mit seinen frühen Erzählungen gleichzeitigen *Literatur*, etwa bei Döblin, geht es um das Wogen und Fluten der Menschenmassen im und vor dem Warenhaus Tietz am Alexanderplatz, weniger um den Werktag der Verkäuferinnen.

Ganz anders Breitbach, der aus genauer Kenntnis des Personals und aller Arbeitsabläufe, trotzdem mit leichter Hand, seine Geschichten vom Alltag der Verkäuferinnen und Lehrmädchen, des Liftjungen und der Rayonchefs, des mißtrauischen Direktors und seines intrigierenden Stellvertreters gewinnt, mit nichts als Erzählung und Dialog, ohne alle Kommentare und Analysen. In dieser Welt wird nicht etwa das Soll linker Parteimoral erfüllt; die wird entlarvt als aufgeschminkte Phrase. Genau besehen regieren Eifersucht und Mißgunst, Scheinheiligkeit und Neid, Betrug und Anmaßung. Trotzdem bleibt der Ton leicht, zärtlich sogar und dabei zynisch, mit dem Wort von Jürgen Eggebrecht: »durchtrieben«. Max Brod begrüßte den Band im *Prager Tagblatt* (Nr. 295, 13. Dezember 1928): »Ein Liftjunge im großen Warenhaus liebt eine Verkäuferin, Abteilung Damenkonfektion. [...] Die einfache Sprache des Lebens, Konflikt mit der Partei, wankende Moral und das einfache Herz, das ohne besonderen romantischen Aufwand die Sache so zu Ende führt, daß in dieser elenden Welt eben doch noch knapp gelebt werden kann. [...] Ein Buch der Tatsachen. Die Tatsachen sprechen oft einen Argot, der gelernt sein will. Aus diesem Buch eines jungen Erzählers ist viel zu lernen.«

Obwohl Breitbach mit seinem ersten Buch die Abwendung von der KPD im Grunde schon vollzogen hatte, verhalfen ihm die von den Freunden in Augsburg und im nahen München (unter ihnen Klaus Mann, Wilhelm Emanuel Süskind, Oskar Maria Graf) und die von den Genossen im Umkreis der *Neuen Bücherschau* geknüpften politisch-literarischen Beziehungen rasch zu Ansehen und auch zu einer neuen Anstellung.

Rot gegen Rot wurde von Brod, von Franz C. Weiskopf, Gerhart Pohl, Hermann Kesten (im *Berliner Börsen-Courier* und in der *Weltbühne*), von Hans Georg Brenner, Willi Fehse, Hans Flesch, Joachim Maass, Erich Kästner besprochen. Die Namen der Rezensenten (außer Max Brod) bezeichnen die literarische Generation, der Breitbach selbst angehört. Die meisten lernte er auf Reisen auch persönlich kennen: in Wien, Prag, Berlin, Paris. Aber er fand auch Mentoren in der älteren Generation. Stefan Zweig, den er Weihnachten 1927 in Salzburg besucht hatte, schrieb ihm nun: »Ich finde es empörend von dieser Firma, auf ein Buch in dieser Weise zu antworten. Man sollte darüber eigentlich öffentlich Beschwerde führen, da Sie doch, soviel ich von außen entnehmen kann, niemanden in gehässiger Weise dargestellt, sondern nur ein absolut exaktes und realistisches Zeitbild gegeben haben. Vielleicht aber wendet sich's zum Guten und gerade eine neue Anstellung kann Ihnen neue Weltkreise erschließen« (St. Z. an J. B., Salzburg, 5. 1. 1929). (Übrigens hat sich Breitbach bei dem für seine Autographensammlung berühmten Stefan Zweig mit dem Manuskript seines ersten Buches bedankt.)

Eine neue Anstellung fand sich gleich und damit ein neuer »Weltkreis«. Die *Neue Bücherschau*, deren Verlegerin Elena Gottschalk mit Breitbach befreundet war, erschien inzwischen in enger Anlehnung an Willi Münzenbergs kommunistischen Neuen Deutschen Verlag in Berlin. Dort wurde Breitbach Lektor und erstattete schon am 9. Februar 1929 Elena Gottschalk im heimatlichen Koblenz brieflichen Bericht über die Berliner Literaten- und Künstlerszene (und wie er mit Wonne darin untertauchte):

> […] Es war und ist bis jetzt eine so widerliche Hetze, dass von einem ruhigen Schreibstündchen bis heute noch keine Rede sein konnte. […] Die »internen« Bekannten und Freunde werden Sie sicherlich mehr interessieren. Also da ist in erster Linie Hilde Sti[e]ler, Verfasserin des Romans *Monika Molander* (Deutsche Verlagsanstalt), in dem Sie ihre bewegte Biographie

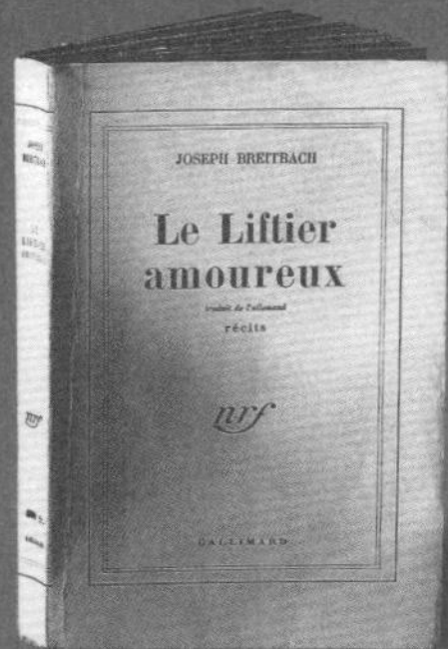

oben Joseph Breitbach, 1923

unten Peter Weiss. Foto von Barbara Morgenstern 1973 (links); Günter Herburger. Foto von Erica Loos 1970 (rechts).

mitte Breitbachs erstes Buch, seine Warenhauserzählungen *Rot gegen Rot* (Stuttgart, Berlin und Leipzig: Deutsche Verlags-Anstalt, 1929) und dessen französische Übersetzung, die im Mai 1948 bei Gallimard in Paris erschien.

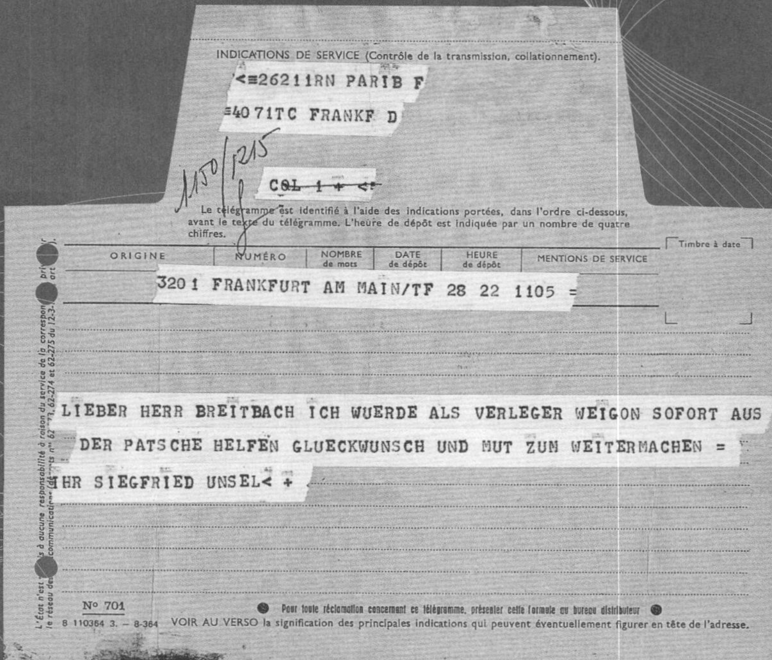
INDICATIONS DE SERVICE (Contrôle de la transmission, collationnement).

<≡26211RN PARIB F

≡4071TC FRANKF D

1150/1215

~~COL 1 + <~~

Le télégramme est identifié à l'aide des indications portées, dans l'ordre ci-dessous, avant le texte du télégramme. L'heure de dépôt est indiquée par un nombre de quatre chiffres.

ORIGINE	NUMÉRO	NOMBRE de mots	DATE de dépôt	HEURE de dépôt	MENTIONS DE SERVICE
3201 FRANKFURT AM MAIN/TF		28	22	1105 =	

Timbre à date

LIEBER HERR BREITBACH ICH WUERDE ALS VERLEGER WEIGON SOFORT AUS DER PATSCHE HELFEN GLUECKWUNSCH UND MUT ZUM WEITERMACHEN = IHR SIEGFRIED UNSEL< +

Nº 701

Pour toute réclamation concernant ce télégramme, présenter cette formule au bureau distributeur

8 110364 3. – 8-364 VOIR AU VERSO la signification des principales indications qui peuvent éventuellement figurer en tête de l'adresse.

links Joseph Breitbach auf Ischia. 1963

oben Telegramm von Siegfried Unseld an Joseph Breitbach. Frankfurt a. M., 22. Februar 1969.

oben Joseph Breitbach
in Griechenland. Juni 1933.

unten Breitbach in Koblenz mit seinen Schwestern Resy, Paula und Christel (v. l. n. r.) 1925.

oben Breitbach mit Balthus Klossowski. Sanary sur Mer 1932.

rechts Breitbach in Berlin 1928.

nachlesen können. Sie ist hier meine einzige Freundin und noch etwas mehr. Sehr viel älter als ich, nicht schön, aber ungemein fraulich. Schluss.

Zu dem Roman, der sicher in der Stadtbibliothek zu haben ist, sei noch erklärt, dass es ein Schlüsselroman um Rathenau, [Otto] Brahm, den Schauspieler Stieler und Franz Blei ist. Sie war eine der wenigen Intimen von Rathenau.

Klossowski: Daumierbiograph, Übersetzer des Disraeli, Morand u.s.w., vor allem aber Maler und Intimus von M[eier].-Graefe. Ich habe einen besonders dicken Stein bei ihm im Brett. Er ist ein köstlicher alter kleiner Herr, Vater zweier wundervoller Söhne in meinem Alter [des nachmals so berühmten Malers »Balthus« und des am Ende kaum weniger fabulösen Literaten und Zeichners Pierre Klossowski, beide erst 2001 gestorben].

Durch diese beiden komme ich mit Lina Lossen und Elsa Wagner vom Staatstheater zusammen, sowie dem H. v. Meyrink, dem berühmtesten Homosexuellen von Berlin, der ein besonders charmanter Schauspieler ist. Weiter gehören zu diesem Kreis E. R. Weiß, R. Sintenis und der unvermeidliche [Hans] Siemsen.

Etwas weiter aussen stehen Bonsels und die Schrenck, Clara Viebig, Piscator, Hölz, Becher, Kläber, Daudistel u. s.w.

Mit Weiskopf arbeite ich in demselben Gebäude, er ist jetzt Generalsekretär der Internationalen Arbeiter Hilfe.

Ein überaus köstlicher Mensch ist H. Kesten. Ich schreibe augenblicklich für die Literatur einen Aufsatz über ihn.[17]

Sehr interessant ist auch R. Linsert, Privatadjutant von M[agnus]. Hirschfeld, der jetzt ein sensationelles Buch zur Strafgesetzreform in dem Verlag, bei dem ich Lector bin, herausgebracht hat. Durch ihn erfahre ich die tollsten Sachen aus der Berliner schwulen Welt.

Im übrigen studiere ich sehr fleissig das Proletariat, das hier sehr witzig und geweckt ist.

Meine Tätigkeit im Neuen Deutschen Verlag ist sehr anstrengend, aber dafür auch sehr abwechslungsreich. Das einzig unangenehme daran ist, wenn die abgelehnten Autoren kommen und mir den hohen Wert ihrer Manuscripte deklarieren wollen. Da ich selber diese Schmerzen kenne, ist es mir jedesmal besonders peinlich, abzulehnen.

Abends bin ich leider so müde meistens, dass ich bis heute noch keine anständige Seite für mich geschrieben habe. Anfangs war natürlich auch meine Vergnügungssucht sehr gross, wie meine Geldausgaben!!

Was sagen Sie zu der guten Presse, die ich bis heute hatte? Der Deutsche Buch Club (Binding, Hofmannsthal) hat R[ot]. g[egen]. R[ot]. jetzt sogar als Wahlband für seine Mitglieder aufgenommen. Ich hatte eine fabelhafte Kritik in dem Organ dieses Clubs (Februarheft [von H. A. Bopp, S. 5f.]) [...]

Berlin hat sich gegen den Eindruck, den ich vor 5 Jahren hatte, sehr kultiviert und die rauhen Formen abgeschliffen. Man ist, ausser am Kurfürstendamm, höflich geworden.

Und eine unerhört schöne moderne Architektur ist hier vorhanden, nur leider ein wenig sehr protestantisch (wenigstens mir). [...]

Morgen fahre ich zu Kiepenheuers nach Potsdam heraus, die dort in der alten Fasanerie des Sanssouciparkes wohnen. Sie sehen also liebe Elena, ich bin wieder einmal auf die Füsse gefallen und hoffe das auch in weiterer Zukunft immer zu tun.

Joseph Breitbach an Elena Gottschalk. Berlin, 9. Februar 1929

Der Hinweis auf die Monatsschrift *Die Literatur* und seinen Beitrag über Kesten bezeichnete ein nicht mehr parteipolitisch eingezäuntes neues Arbeitsfeld des jungen Publizisten. In den Jahren bis 1933 rezensierte er dort Übersetzungen, meist aus dem Französischen (Romane von François Mauriac, Marcel Prevost, Margaret Kennedy, das Baudelaire-Buch von François Porché), ein Sonderheft der Zeitschrift *Le Mail* über Alain-Fournier, neue Bücher seiner deutschen Altersgenossen Hermann Kesten und Theodor Plivier und zuletzt, im August 1933, die Jugendgeschichte *Talisman* des oberschwäbischen Volksautors und Koblenzer Studienrates Anton Gabele (weitläufig mit Breitbach verwandt). – Unter fast allen Rezensionen gab er nun als Wohnort Paris an, unter der Gabele-Besprechung 1933 Athen.

Daß seine Warenhauserzählungen nicht nur Lesern und Kritikern, sondern auch Soziologen Nahrung gaben, wurde schon dem jungen Autor klar. Als er viel später mit Helmut Schelsky über das Verhältnis von Homosexualität und Kriminalität korrespondierte, blickte er zurück:

> Vor vielen Jahren war ich allerdings nicht so gut auf die Soziologen zu sprechen wie heute. Als ich – nicht ahnend was ich der Menschheit antat – mein erstes Buch 1928 veröffentlichte, stürzten sich die Soziologen darauf und verdarben mir mein »ganzes« Ansehen bei der Literatur. Der heutige Verleger Witsch (Kiepenheuer & Witsch – Köln) hat jenes Büchlein in seiner Doktorarbeit über die Rolle der arbeitenden Frau in der deutschen Literatur ganz besonders berücksichtigt, diese Doktorarbeit erschien dann öffentlich und als mein zweites Buch [der Roman *Die Wandlung der Susanne Dasseldorf* (1932)] den Soziologen gar nichts bot, waren sie alle böse und ich erhielt enttäuschte Kritiken und Briefe. Ich empfand damals die Soziologen als böse Stiere, die die Literatur als Weideplatz betrachteten .....
>
> *Joseph Breitbach an Helmut Schelsky. 21. April 1956*

In der Tat: Josef Witsch, damals Volksbibliothekar in Köln, hatte *Rot gegen Rot* in einem Kapitel seiner Untersuchung der *Berufs- und Lebensschicksale weiblicher Angestellter in der Schönen Literatur* den »sozialaktivistischen Romanen und Reportagen« zugerechnet und neben Bücher heute vergessener Autoren wie Rudolf Braune, Maria Leitner und Werner Türk gestellt. Witsch sah, stark vereinfachend, die »Gesamttendenz« der drei Erzählungen darin, daß Breitbach demonstriere, »wie das Klassenbewußtsein des Mannes durch Beziehungen zur [kleinbürgerlich geprägten] Frau getrübt werden kann.« Das Fazit aller seiner Analysen, von Breitbach über Irmgard Keun bis Wilhelm Speyer: »Die Lektüre unserer Romane produziert keine Illusionen, sie zerstört sie.«[18]

Erstaunlich bleibt, daß Breitbach schon 1928 den neuen Typus des *Angestellten* (in seiner Warenhaus-Variante) literarisch gestaltet und analysiert hat – zwei Jahre vor Siegfried Kracauers berühmt gewordener soziologischer Studie *Die Angestellten. Aus dem neuesten Deutschland* (1930). Als Walter Landauer, Gesellschafter im Gustav Kiepenheuer Verlag, dem jungen Breitbach von einem Gespräch mit dem Autor der *Angestellten* erzählte, schrieb Breitbach sogleich an Kracauer: »Ich erfuhr so, dass Sie meinen Arbeiten Sympathie entgegenbringen, was mich deswegen besonders freut, weil ich selten ein Buch mit derartiger *Spannung* gelesen habe wie Ihre Angestelltenuntersuchungen, als sie in Fortsetzungen in der Frkft. erschienen. Ich liebe auch sehr *Ginster* [Kracauers 1928 erschienenen autobiographischen Roman] besonders den Abschnitt, der in dem grossen Wirtshaussaal spielt,[19] wie an einem Sonntag die Verwandten [der dort einquartierten Soldaten] den mit allem Raffinement des ›Ersatzfurors‹ gebackenen Kuchen bringen.« (J. B. an S. K., Ehrenbreitstein, 6.10.1931).[20] – Später hat Breitbach amüsiert von Begegnungen mit Kracauer in dessen Pariser Exiljahren erzählt. Der habe sich nachmittags regelmäßig in die Halle des Hotels Claridge an den Champs Elysées gesetzt, um ausgerechnet an der dort verkehrenden meist ausländischen Schickeria die französische *Gesellschaft* zu »studieren«. »Ich hatte nicht das Herz, den berühmten Soziologen […] auf seine abgründige Unkenntnis der so schwer erfühlbaren französischen ›höheren‹ Gesellschaft hinzuweisen« (J. B., *Mit falschen Erwartungen nach Paris*, nachgelassenes Typoskript). Breitbach leitete von dieser Erfahrung mit Kracauer sein »nicht zu überwindendes Mißtrauen gegen die Kompetenz der Soziologen« ab, »wenn sie von der Literatur her kommen«.

Wer das Verzeichnis der Buchveröffentlichungen Joseph Breitbachs durchgeht, muß annehmen, daß sein dramatisches Werk 1960 mit der Warenhauskomödie *Das Jubiläum*[21] beginnt, also erst nach dreißig Jahren an die Warenhauserzählungen anknüpft. Aber der junge Autor war sich der dramatischen Qualitäten der Konstellation *Rot gegen Rot* sofort bewußt und schrieb gleich nach diesem Buch die Komödie in vier Akten *Fräulein Schmidt*, die erste Fassung des zuletzt – vier Jahrzehnte später – *Die Jubilarin* heißenden »Volksstückes«, zum Teil mit dem aus den Erzählungen vertrauten Personal, dem Liftführer und Mechaniker Karl (einem klassenbewußten jungen Proletarier und Parteimitglied, der hier zum Happy-End vom Arbeiter zum Angestellten befördert wird – »Monatlich vorläufig 160 Mark«), mit dem Direktor Herrn Grisar und der Schar der Verkäuferinnen.

In jenem Teil von Breitbachs Archiv, der 1940 in Paris von der Gestapo beschlagnahmt wurde und der sich nach der deutschen Wiedervereinigung im Staatsarchiv der DDR in Potsdam wiederfand (seit 1996 im Deutschen Literaturarchiv), haben sich zwei Typoskripte der frühen Komödie erhalten, beide am Schluß datiert: »TOULON, 30. Juli 1929.« Die politisch-satirische Tendenz und der soziologische Blick der Komödie zeigen sich etwa in der Charakterisierung zweier nur im vierten Akt auftretender Nebenfiguren, des Oberregierungsrats Dr. Struwe und des Syndicus der Handelskammer, ebenso in der Regieanweisung für die Schar der anonymen Verkäuferinnen:

> Dr. Struwe: Ein erzreaktionärer Beamter, der sich nach der Revolution 1918 ununterbrochen von dem neuen Staat, dessen

Geld er einsteckt, gekränkt fühlt. [...] Da er, wie ein grosser Teil der republikanischen, besonders der hohen Beamten, seine Pensionierung befürchtet, erfüllt er alle republikanischen Forderungen dem Buchstaben, aber nicht dem Geist nach. Er ist also charakterlos. Dabei sollte er dieser Republik, die ihn während der Revolution nicht einmal eingesperrt, geschweige an die Wand gestellt, dankbar sein oder, wenn er sie mit Recht deswegen verachtet, den Dienst quittieren.

Der Syndicus der Handelskammer ist Demokrat. Jemand, der sich also fast mit allen Wassern gewaschen hat. Wenigstens trifft dies für die Situation der deutschen Demokraten nach der Stabilisierung der Republik zu. Schwatzhaft, aber witzig. Gar nicht dumm.

Die Verkäuferinnen, die der Zuschauer in diesem Akt zu sehen bekommt, sind stumpfe u. müde, lebendige u. witzige Proletarier mit kleinbürgerlichen Zügen, kurz die Masse der Angestellten, die zum grössten Teil ihre gesellschaftliche und wirtschaftliche Stellung überhaupt nicht kennt. Meistens auch nicht darüber nachdenkt. *Eine* Eigenschaft haben sie alle gemeinsam, eine blöde, im Grunde teilnahmslose Neugierde. Sie glotzen, wenn »etwas passiert«. Der Regisseur wird gebeten sie möglichst wie eine Schaafherde zu presentieren. [...] Jede Menschenmasse ist *so*.

Joseph Breitbach: Fräulein Schmidt. Komödie in vier Akten.
Zitiert nach dem gebundenen Typoskript. S.37

Der kritische Tenor solcher eigentümlich wertenden Regieanweisungen findet sich wenig später in dem einzigen politisch-ästhetischen Programm wieder, das Breitbach veröffentlicht hat. Generationsgenossen wie Günter Eich, Wilhelm Emanuel Süskind, Ernst Sander, Jürgen Eggebrecht, Martin Raschke, Erik Reger, A. Artur Kunert, Herbert Schlüter, Klaus Mann, Kesten, Joseph Roth, Joachim Maass und Erich

Kästner (unter ihnen nicht wenige persönliche Freunde Breitbachs) gaben in der Dresdner *Kolonne* im Februar 1930 Auskunft »über die Tendenzen ihres Schaffens«. »Dreißig junge Dichter schreiben ihr Bekenntnis.« Unter ihnen Joseph Breitbach:

Das Warum und die Tendenzen meines Schaffens lassen sich in einem Wort ausdrücken: Entlarven.

Mein Ziel ist, jeder Erscheinung den Mantel wegzureißen, den sie sich umgelegt hat, weil jede Erscheinung etwas zu verbergen hat. In meinem Buch *Rot gegen Rot* habe ich versucht, 1) weitverbreitete Meinungen über das Proletariat richtigzustellen, 2) gegen die politische und persönliche Selbstberäucherung großer Teile des klassenbewußten Proletariats Front zu machen. Daher die Unbeliebtheit des Buchs.

In der Komödie *Fräulein Schmidt* habe ich die Stellung des Unternehmers zu den Angestellten bloßgelegt und in dem Roman, den ich augenblicklich niederschreibe [*Die Wandlung der Susanne Dasseldorf*, erschienen Ende 1932], geht es mir darum, die »Leiden« des besetzten Rheinlandes endlich in ein wahres Licht zu rücken.

Heiligenschein und Märtyrerkronen können mich nicht überzeugen. Hinter dem Heldentum stehen meist Ehrgeiz, Sadismus oder Machtstreben. Die »action gratuite« entsteht nur aus Langweile. Ich glaube an kein Ideal in der Politik [...].

Ich bejahe ausdrücklich den Klassenkampf und finde es ganz selbstverständlich, daß die Polizei auf das Proletariat schießt und daß Herr Zörgiebel [der Polizeipräsident] bei der nächsten Revolution von seinen eigenen Schupos an die Wand gestellt wird. Es handelt sich ja nicht um Recht oder Unrecht in der Welt, und der Klassenkampf hat kein moralisches Etikett, wie sehr sich die weiße und rote Öffentlichkeit auch immer bemüht, ihre Anstrengungen um die Machterhaltung und -ergreifung ethisch zu drapieren, wobei beide stets übertreiben müssen. Dieser Standpunkt führt den Künstler nicht zur »Sachlichkeit«, die ein Kastrationsakt ist, sondern zur Parteinahme im höchsten Sinne.

Auf Ihre Frage, ob ich meine künstlerische Arbeit in den Dienst politischer Propaganda stelle, kann ich Ihnen nur antworten, daß ich noch nie einen Moralisten gesehen habe, der *nicht gegen* jemand oder eine Einrichtung Propaganda machte. Den Willen, die künstlerische Gestaltung so hoch wie möglich zu entwickeln, halte ich dabei für die erste Voraussetzung. Ich will von einem Buche ergriffen werden. Für und gegen die handelnden Personen und Einrichtungen. Dazu bedarf es der größten Wahrhaftigkeit, die, man kann es nicht oft genug sagen, die Parteinahme des Autors nicht ausschließt.

Wenn ich mit dem Proletariat bin, habe ich erst recht die Pflicht, seine Fehler und deren Gründe zu sehen, während ich von dem Bürger zum wenigsten das zynische Eingeständnis seines tausendfachen Unrechts an den Massen verlange. Reinliche Scheidung gefälligst!

Aus: Die Kolonne. Zeitung der jungen Gruppe Dresden. Dresden-A.: Verlag Wolfgang Jeß. Nr. 2. Februar 1930. S. 10

Mit diesem Plädoyer für einen Standort außerhalb der ideologischen Lager und, wenn an der Seite der Arbeiterbewegung, dann nicht kritiklos in ihren Reihen, war Breitbach in den Jahren vor 1933 nicht allein. Bei Döblin und Tucholsky hätte er Unterstützung finden können. – Mit seiner schärfsten frühen Distanzierung von allen euphorischen Parteigängern des neuen Rußland kehrte er auch zwei Autoren aus seinem Freundeskreis den Rücken: Franz C. Weiskopf und Ernst Glaeser, die 1931 bei Gustav Kiepenheuer ihr Buch über den Fünfjahresplan in der Sowjetunion veröffentlicht hatten, *Der Staat ohne Arbeitslose*[22]. Breitbachs polemisches Streiflicht findet sich an sehr entlegener Stelle, im ersten Heft einer kurzlebigen Zeitschrift der Notgemeinschaft deutscher Autoren und dort in der redaktionellen Rubrik »Was nicht mehr vorkommen sollte«:

> 1. daß unsere jungen Schriftsteller, wenn sie aus Rußland zurückkommen mit delirantem Entzücken von dem meist von Ausländern geleiteten industriellen Aufbau der Sowjets erzählen. Der Aufbau neuer Industrien ist heute keine besondere Leistung mehr. Das kapitalistische System hat Produktionskonstruktionen hervorgebracht, die man höchstens noch nachahmen kann. Es handelt sich darum, eine bessere Verteilungsmethode der erzeugten Güter zu finden. Mit einer solchen kann Rußland aber noch nicht aufwarten. In diesem Zusammenhang ist es bedauerlich, daß Glaeser und Weiskopf ihr hochinteressantes Rußlandbuch unter dem demagogischen Titel *Das Land ohne Arbeitslose* herausgebracht haben. Deutschland hätte ebenfalls keine Arbeitslosen, wenn es bei uns noch etwas »aufzubauen« gäbe. Unsere Misere ist, wie auf der ganzen Welt, keine Produktions- sondern eine Verteilungskrise. [...] Vor allem hat das erstaunlich weit fortgeschrittene Experiment der Sowjets zu seiner Propagierung keinerlei Entstellung nötig. Die geglückten Tatsachen sprechen für sich selbst.

Die Brücke. Zeitschrift zusammen mit der Notgemeinschaft junger Autoren. Hrsg. von Max Moch u. H. A. Weber. Limburg-Lahn: Zwei Säulen Verlag. 1. Jg. 1932. Nr. 1. S. 11

Die Replik ließ nicht auf sich warten. In der dritten Nummer wies Joachim Barckhausen Breitbachs Kritik am kommunistischen Rußland zurück, das »heute, wenn es noch ein kapitalistisch-planlos bewirtschaftetes Land wäre, derartige Leistungen nicht vollbringen« könnte. Auf Breitbachs volkswirtschaftliche Diagnose (»keine Produktions-

sondern eine Verteilungskrise«) entgegnete Barckhausen (er war drei Jahre jünger als Breitbach) mit den Argumenten aus dem marxistischen Katechismus:

> Allerdings haben wir heute überall eine Verteilungskrise. Aber diese liegt einzig und allein im falschen Produktionssystem begründet. Ein planloses Produktionssystem kann kein planvolles Verteilungssystem hervorbringen. Es dürfte wohl auch Herrn Breitbach nicht unbekannt sein, daß es im Streit zwischen Kapitalismus und Sozialismus in erster Linie um die Verteilung des erzeugten Mehrwertes geht. Diese Frage nun ist in Rußland sicherlich gelöst, in der übrigen Welt hingegen noch nicht.
>
> *Joachim Barckhausen: Zu den Sätzen von Josef Breitbach in Brücke Nr. 1. In: Die Brücke. Zeitschrift der Notgemeinschaft junger Autoren. Hrsg. von Max Moch. Limburg-Lahn: Zwei-Säulen Verlag. 1. Jg. 1932. Nr. 3. S. 11*

Breitbach hatte auch beklagt, »daß die Mehrzahl der nationalsozialistischen Philologiestudenten einer deutschen Universität Stefan George nicht einmal dem Namen nach kennen«, und hinzugefügt: »Was sind das für Gegner?« Für Barckhausen war es dagegen »im Augenblick wichtiger, wenn sich unsere nationalsozialistischen Gegner etwas mehr mit Karl Marx beschäftigen würden. Dann könnte man doch wenigstens mit ihnen diskutieren.«

Marx, Mehrwert und, als Mittel seiner gerechten Verteilung, Mitbestimmung. – Die Stichworte auf beiden Seiten zeigen, daß Breitbachs frühe Abkehr vom orthodoxen deutschen Kommunismus (*er* hatte seinen Marx gelesen) dem volkswirtschaftlichen Realismus des Praktikers entsprang; immer wieder hat er auf seine Erfahrungen als Verkäufer und dann als Personalchef in Warenhäusern, später auch als Vermögensverwalter, überhaupt auf seinen Umgang mit Geschäftsleuten und Bankiers verwiesen. Auch der Autor hatte hier sein Thema gefunden. In fast allen späteren Werken diskutiert Breitbach die Fragen um *Marx, Mehrwert und Mitbestimmung*: in den verschiedenen Fassungen der Komödie *Genosse Veygond* (1969–72) wie im politischen Roman *Bericht über Bruno* (1962), in der Erzählung *Lärm* (1974) oder im Schelmenroman eines unverbesserlichen Kapitalisten *Das blaue Bidet* (1978).

»GENOSSE COPYRIGHT«

Joseph Breitbach beneidete den seit 1965 in Mainz lehrenden Soziologen Helmut Schoeck um diese bündige Charakterisierung jenes Autorentyps, der linke Gesinnung und Agitation mit kapitalistischem Erfolg und großbürgerlichem Lebensstil zu vereinen wußte und der nicht nur in den Jahren um 1968 Konjunktur hatte.[23] Am liebsten hätte er seinen *Genossen Veygond* umbenannt in »Genosse Copyright«. In Schoecks *Kleinem soziologischen Wörterbuch* (1969) fand er die Grundidee seiner Komödie bündig formuliert und hat den Passus rot unterstrichen: »Nun läßt sich jedoch fragen, weshalb es der Marxist mit seiner Ethik für vereinbar hält, daß z. B. Bühnenautoren ein Eigentumsrecht an *ihrem* Produktionsmittel – das Urheberrecht am Stück – haben dürfen, obgleich ihnen dieses jedesmal zu einem arbeitslosen Einkommen aus der Arbeit anderer verhilft, wenn irgendwo auf der Welt Schauspieler dieses Stück spielen müssen?« (S. 191). Die Bücher von Helmut Schoeck verfolgte Breitbach mit Aufmerksamkeit und Beifall spätestens seit dessen international erfolgreichem Hauptwerk *Der Neid. Eine Theorie der Gesellschaft* (1966), das er in vielen Exemplaren unentwegt verschenkte und dessen französische Ausgabe er nachdrücklich beförderte. In allen Büchern Breitbachs ist der Neid in allen seinen Spielarten Triebkraft aller privaten Verhältnisse, gesellschaftlichen Vorgänge und politischen Machtkämpfe.

Breitbachs Titelheld, der ›Genosse Veygond‹, hatte schon einige Namensänderungen hinter sich. »Denn ich habe die ursprüngliche Gestalt des Textes wieder hergestellt, die mir mit juristischen Einwänden ausgeredet worden war«, schrieb der Autor an den Düsseldorfer Generalintendanten Karlheinz Stroux. »Das Stück spielte nämlich in seiner ersten Form in Frankreich, die Hauptperson hiess ›Ragon‹, unter welchem Namen jeder den kommunistischen Dichter Aragon erkannt hätte, zumal ich meiner Figur auch die Zugehörigkeit zum Zentral-Komitée der Kommunistischen Partei gegeben hatte, in dem Aragon eine Schlüsselposition hat« (J. B. an K. St., 16. 7. 1969). Aus Ragon wurde Weigon, »dessen Modell sich aus Aragon und Peter Weiss und einigen anderen komponiert. Einige Theaterleute [...] haben [...] ungeheuer viel Spass an meiner Perfidie gegenüber Weiss/Kipphardt usw. gehabt.« Im selben Brief an Friedrich Torberg freute sich Breitbach über seine prophetische Voraussicht:

> Ich hatte das Stück im Februar 1968 begonnen. Inzwischen hat die Wirklichkeit es eingeholt, denn der unsagbare Peter Weiss hat bei seiner Absage an Karlheinz Braun fast wörtlich etwas gesagt, was in meinem Stück steht.
>
> Zu meiner Verwunderung hat Unseld es angenommen.
>
> *Joseph Breitbach an Friedrich Torberg, 20. Juni 1969*

In der vom Suhrkamp Verlag vertriebenen Bühnenfassung *Genosse Weigon oder Ein teurer Kasten Bier* (1969) klangen die Personennamen deutsch und französisch zugleich; Ort und Land blieben im Ungewissen. Breitbach folgte den Einwänden von Theaterleuten wie Ivan Nagel und Rudolf Noelte, die dargestellten Ereignisse seien in der Bundesrepublik Deutschland, einem Staat ohne eine seit Jahrzehnten offen in der Legalität wirkende und politisch mächtige KP, unglaubwürdig. Also re-französisierte er das Stück und die Protagonisten. Der szenische Einfall war überraschend: die Bühne eines großen Theaters von hinten, mit dem Blick auf den sich schließenden Vorhang und den dahinter verborgenen sich leerenden Zuschauerraum nach der 500. Aufführung, der letzten vor den Theaterferien, eines Stückes von Veygond, dem kommunistischen Starautor und Großverdiener; dann Veygonds, seiner Frau und seiner Geliebten gewaltsame Festsetzung und Anklage durch junge und idealistische ›urmarxistische‹ Proletarier, die noch an die reine Lehre glauben; am Ende trotzdem ein fauler Kompromiß zur höheren Ehre der Partei, die ›Recht‹ behalten muß.

Der Zeitgeist von Achtundsechzig bescherte dem Autor ausgerechnet in seinem Verlag und Bühnenvertrieb Zustände, die nicht weit entfernt waren von den auf der Bühne dargestellten. »Seine ›prophetischen‹ Qualitäten in Bezug auf die Suhrkamp-Braun-Weiss-Affäre sind erstaunlich: eine Folge Ihres scharfen realistischen Blicks auf das Politische«, bescheinigte ihm Ivan Nagel (I. N. an J. B., München, 3.5.1969). Lektoren und einzelne Autoren wollten damals ein Mitbestimmungsmodell gegen die alleinige Entscheidungsgewalt des Verlegers Siegfried Unseld erproben. Da es sich im Verlag nicht durchsetzen ließ, spaltete sich unter Führung von Karlheinz Braun und Wolfgang Wiens der »Verlag der Autoren« (als reiner Theaterverlag) vom Suhrkamp Verlag ab:

> Der »Verlag der Autoren« ist gegründet von seinen Autoren; er ist Eigentum seiner Mitglieder. Mitglieder sind die Autoren und die Angestellten des Verlages. Die Mitglieder bestimmen den Verlag. *Die Produzenten arbeiten in eigener Sache und für die eigene Sache, in eigener Verantwortung und in die eigene Tasche.*

*

> Im »Verlag der Autoren« gibt es keinen »Verleger«. Die Geschäfte des Verlages führen »Delegierte«, die von den Mitgliedern auf jeweils drei Jahre gewählt werden. *Die geschäftsführenden Delegierten können alle drei Jahre abgewählt und ersetzt werden.*
>
> *In: Die Zeit. Nr. 9. 28.2.1969. S. 13*

So begann das von Braun und Wiens unterzeichnete Statut. Alle warteten nun auf die Entscheidung des erfolgreichsten Stückeschreibers unter den Suhrkamp-Autoren, Peter Weiss; »seine Entscheidung stand noch aus, aber daß sie positiv ausfallen würde, war eigentlich zu erwarten«, kommentierte Dieter E. Zimmer in derselben Ausgabe der *Zeit.* »Kaum einer unter den deutschen Autoren bekennt sich schließlich so rückhaltlos zum Sozialismus wie er.« Aber er sagte ab (als Meldung stand das in den Zeitungen vom 20. Februar 1969) und blieb, auch mit seinen Stücken, bei Suhrkamp:

> Pläne zur Entwicklung eines sozialistischen Verlages habe ich mit Interesse und Skepsis verfolgt, nach wie vor glaube ich nicht, daß ein solcher Verlag in einer kapitalistischen Gesellschaft mehr werden kann als ein Zwitterwesen. Die große Arbeit an der Veränderung der Gesellschaft ist mir wichtiger als die Politik der kleinen Schritte, der Kompromisse und Utopien im Verlagsgeschäft. Der Bruch mit einem kapitalistischen Verlag setzt konsequenterweise auch den Bruch mit dem Buchhandel, den Agenturen, den Theatern und den Verlagsverbindungen in allen anderen kapitalistischen Ländern voraus.
>
> Da ich dazu nicht bereit bin, sondern meine Angriffe gegen den Kapitalismus und Imperialismus auf breitester Basis durchführen möchte, bleibe ich in dem Verlag, der mir bisher die Möglichkeit dazu gegeben hat.
>
> *In: Die Zeit. Nr. 9. 28.2.1969. S. 13*

Dem genossenschaftlichen Verlag der Autoren versicherte Peter Weiss seine Sympathie, immerhin, und wünschte ihm Erfolg. Alles in allem ein Veygond, wie ihn Breitbach auf die Bühne gebracht hatte.

Breitbach freute sich über die Annahme des Stückes durch Unseld, »obwohl sie gerade für ihn etwas kitzlich ist wegen der Aufstände im Verlag«, schrieb er an seine alte Freundin Ria Hans und fügte hinzu: »Hast Du gesehen: Weiss ist bei den stärkeren Bataillonen geblieben und hat Braun öffentlich eine Absage erteilt. Ich bin im dritten Akt« (Paris, 24.2.1969). Auch in der Wirklichkeit ging das Stück weiter. Den Part der jugendlichen ›Urmarxisten‹ übernahmen die Autoren (und Miteigentümer) des neuen Verlages, unter ihnen einige, mit denen Breitbach – nicht politisch, aber als Mentor und Förderer – heftig sympathisierte: Bazon Brock, Günter Herburger, Martin Sperr. Dem »Größt-Sozialisten vor der deutschen Presse«, »Herrn Peter Weiss«, erklärten sie:

> Im »Verlag der Autoren« besitzen die Produzenten des Mehrwerts erstmalig die Verfügungsgewalt über ihr Mehrprodukt, ihren Gewinn, und erfüllen damit die erste ökonomische Grundforderung sozialistischer Produktion. Dieses Modell arbeitet und ist aus dem Stadium der Utopie heraus. Wir verstehen, daß Peter Weiss für seine schriftstellerischen »Angriffe gegen Kapitalismus und Imperialismus« den größten Kommunikationsapparat benutzen möchte. Uns erstaunt aber, daß er dem Suhrkamp-Verlag eine politische Linie unterstellt, um damit unsere Arbeit zu denunzieren. Im übrigen sind wir der Meinung, daß die großen Schritte, zu denen Peter Weiss offenbar nur fähig ist, schon immer zum Inventar des deutschen Idealismus gehört haben.

In: Die Zeit. Nr. 9. 28.2.1969. S. 13

Der »Verlag der Autoren« wollte, neben den üblichen Tantiemen und Gehältern, den »Gewinn« auf seine »Mitglieder« verteilen. Die Gewinnanteile wiederum sollten aufgeteilt werden in Konsum- und Investitionsraten. Dabei sollten je zur Hälfte das »Egalitätsprinzip« und das »Leistungsprinzip« zur Anwendung kommen. Die Forderungen, denen sich ein so erfolgreicher Autor wie Peter Weiss hätte unterwerfen müssen, waren gar nicht so verschieden von denen der aufrührerischen jungen ›Urmarxisten‹ an den gekidnappten Veygond: »Er soll das Beispiel geben, das er seinen Lesern schuldet«, verlangt der Bühnenarbeiter Fred, und der Setzer Emile (er hat dem kommunistischen Star-Autor gerade die Geliebte, Leontine, ausgespannt) stellt fest: »Der Partei würde er damit mehr nutzen als mit all seinen literarischen Werken.« Nun beginnt die 17jährige Leontine, auf ein Zeichen Emiles, ihre gerade mühsam gelernte Parteilektion abzuhaspeln: »Onkel Guy, Deine Werke und Dein Leben, da stimmt etwas nicht. [...] Weißt Du, daß Du ein ganz falsches Bewußtsein hast? Du akkumulierst Kapital und schließt die Augen vor dieser Tatsache. Darf ein Marxist das?«

Breitbach hat dem Vortrag der frischgebackenen Marxistin komische Stolpersteine in den Weg gelegt: Den höhnischen Beifall Olgas, der betrogenen Ehefrau Veygonds, die Leontines falschen Fremdwortgebrauch korrigiert und ihrem Mann souffliert: »Bedanke Dich für die Belehrung«; die Kabbeleien der jüngeren und der älteren Frau; Veygonds Einhaken, wenn er Leontine auf Argumentationsschwächen ertappt, und ihren Ärger auf die Vorbeter: »Warum hat mir das keiner gesagt?« Aber sie bringt ihre Anklage sicher zu Ende:

> LEONTINE Trotzdem: Autor und Verleger, Erfinder und Industrieller, die stecken unter einer Decke gegen die Hersteller der Ware. Wer sich ein Produkt seines Geistes abkaufen läßt, gegen Beteiligung am Umsatz oder gegen eine Abfindung, macht sich zum Komplizen der Kapitalisten, selbst dann noch, wenn die ihn übers Ohr hauen. [...]

VEYGOND Rührend, wie Du Marx interpretierst.

LEONTINE Aber richtig. […] Und *weil* diese unentbehrlichen Mitarbeiter aber nicht gleichzeitig Mitverdiener sind, wohnen die einen in der großen Villa und die anderen im kleinen Reihenhaus. Voltaire hat sogar ein Schloß gehabt. Damals war das schon so. Und der war auch ein Aufklärer wie Du. Ist das Gerechtigkeit? Ein Marxist, der sich mit diesen Zuständen abfindet, hat nicht das richtige Bewußtsein.

Nach der überarbeiteten Fassung der Komödie in Joseph Breitbach: Die Jubilarin. Genosse Veygond. Requiem für die Kirche. Frankfurt a. M.: S. Fischer, 1972. S. 139–141

Die Wirklichkeit der Jahre nach 1968 hielt für den Autor des *Genossen Veygond* noch einen anderen Test auf den Realitätsgehalt seines Stückes bereit: die Kipphardt-Affäre 1971. Der Autor des Welterfolgs *In der Sache J. Robert Oppenheimer* war Anfang 1970 Chefdramaturg der Münchner Kammerspiele geworden (in welcher Eigenschaft er am 14. Januar 1971 Breitbachs *Requiem für die Kirche* ablehnte). Als er in einem Programmheft zu Biermanns *Der Dra Dra* führende westdeutsche Persönlichkeiten als kapitalistische »Drachen« abbilden wollte (die Drachen in Biermanns Stück werden umgebracht), verlängerte der Münchner Stadtrat Kipphardts zum 31. August 1971 auslaufenden Vertrag nicht. Es hagelte Solidarisierungen mit Kipphardt und Proteste gegen den Stadtrat, die Breitbach als ebenso scheinheilig wie undemokratisch empfand. Als auch sein eigener Bühnenverlag (Suhrkamp) seinen Autoren einen Boykott der Kammerspiele empfahl, kündigte er am 19. August öffentlich seine Verträge mit Unseld und wechselte zum S. Fischer Verlag:

Als seien sie eine politische Korporation, wollten jene Theaterverleger von dem lokalen Geldgeber einer Bühne, in diesem Fall der aus freien Wahlen hervorgegangenen Vertretung der

Einwohner Münchens, ein bestimmtes politisches Verhalten erzwingen. Wenn sie, um dies zu erreichen, ihren Autoren eine Selbstschädigung empfehlen, dann sollte man annehmen dürfen, daß sie wenigstens, bevor eine solche Bestreikung eines städtischen Theaters von ihnen beschlossen und angekündigt wird, alle ihre Autoren ohne Ausnahme rechtzeitig zu Rate ziehen und dies nicht erst hinterher tun, wie es für den größeren Teil der Autoren unter grober Mißachtung des Prinzips der Mitbestimmung geschehen ist.

Joseph Breitbach: Was darf ein Bühnenverlag? Ein Autor stellt eine Frage – und gibt seine Antwort. In: Frankfurter Allgemeine Zeitung. 8.9.1971

In einem gleichzeitigen Brief an den mit ihm befreundeten Rudolf Augstein mokierte sich Breitbach über das öffentlich bekundete Verständnis der Münchner Jusos für das »Dilemma aller marxistischen Künstler und Intellektuellen«, die das Mitbestimmungsversprechen der SPD auch dort, wo sie regierte, »also in roten Rathäusern«, zum Beispiel in München, offenbar zu ernst genommen hatten. Breitbach nahm kein Blatt vor den Mund:

Cher Rodolphe,
[…] Ich hätte also auch dann gekündigt, wenn es ein Stockkonservativer oder ein Katholik gewesen wäre, der den politisch hochmanipulierten Anlaß zum Boykott geliefert hätte. […]

Und die Münchener Intendantenwahl? Sie wurde in öffentlicher Mitbestimmung von dem SPD-Kulturreferenten veranstaltet. Die Vertreter der künstlerischen und ideologischen Linken fielen durch und der ebenfalls durchgefallene […] nannte in meiner Gegenwart und der eines Zeugen die Wahl eine »Putzfrauen-Wahl«. Also die Putzfrauen aller Schattierungen, für die die Linke aller Schattierungen die Mitbestimmung in den privaten und städtischen Verkehrs- und Industriebetrieben fordert, deren Mitbestimmung sollte plötzlich verwerflich sein, nur weil eben jene Putzfrauen nicht so gewählt hatten, wie die nach Mitbestimmung Schreienden es erwartet hatten. Dass man es wagt, den oben zitierten Passus [die besorgten Zweifel der Münchner Jusos an den Mitbestimmungsversprechen der SPD] in der gleichen Stadt zu veröffentlichen, in der das »rote Rathaus« hat mitbestimmen lassen, ist bezeichnend für die unverfrorene Verlogenheit, die die ganze Affäre Kipphardt kennzeichnet und in die der Suhrkamp-Verlag sich hat hineinziehen lassen, um nicht von links überflügelt zu werden.

Joseph Breitbach an Rudolf Augstein.
Nach dem Durchschlag in Breitbachs Nachlaß. [August 1971]

Breitbach beklagte in diesen Jahren immer wieder die Inkompetenz seiner jüngeren und zumeist linken westdeutschen Gesprächspartner in Fragen des Kommunismus. An Peter Szondi schrieb er: »In einer Publikumsdiskussion nach einer der Lübecker Aufführungen [des *Genossen Veygond*] musste ich feststellen, dass es in der jüngeren Generation Menschen gibt, die nicht einmal wissen, dass es in ihrem Lande bis 1933 eine straff organisierte, kommunistische Partei gab, die sich für die russische Aussenpolitik missbrauchen liess, und im Zusammenhang damit indirekt Hitler zur Macht verholfen hat.« (J. B. an P. Sz., Paris, 15.1.1971). Ein Fest war es für ihn, wenn er kompetenten Einwänden begegnete, die zeigten, daß die Gesprächs- und Korrespondenzpartner seine Gedanken weiterdachten, auf seine Fragen eigene Antworten gaben, etwa Iring Fetscher nach der Lektüre des Stückes:

Nur zu einem Punkt würde ich Ihnen gern einen »fachmännischen« Rat geben. Die Genossen, die Veygond gefangen haben, sprechen immer wieder von seiner Teilnahme am Ausbeutungsprozeß, die dadurch konstituiert wird, daß er auch in einem Augenblick noch Einnahmen aus seinen Büchern und Stücken bezieht, in dem sie ihm gar keine Arbeit mehr machen. Gut geschulte Marxisten würden wohl nicht so argumentieren. Zunächst einmal sind Schriftsteller [...] die letzten Überlebenden der kleinen Haus- oder Heim-Arbeiter, die im 19. Jh. für die Verleger in der Textilindustrie gesponnen und gewebt haben. In vielen Fällen bezahlt ihnen der Verleger ja auch während der Arbeit an einem Buch den Lebensunterhalt und behält sich bei Ablieferung der Ware [...] auch noch Mängelrügen und Abänderungswünsche vor. [...] Den moralischen Vorwurf, den die Genossen formulieren, könnte man ökonomiekritisch vielleicht überzeugender daraus ableiten, daß 1. der Verleger die seltene Qualität Parteimitglied und Autor durch eine werbeintensive Nutzung zur Einkommensquelle macht. Veygond profitiert also davon, daß (so könnte man es formulieren) eine Vielzahl von potentiell schriftstellerisch begabten Proletariern durch ihr Lebensschicksal an der Entfaltung ihrer Talente gehindert wurden. [...] Ebenso könnte man 2. anführen, daß seine Stücke und Bücher längst nicht mehr den moralischen und literarischen Wert haben, der ihnen [...] zugeschrieben wird. Seine noch immer hohen Einnahmen rühren daher, daß der Unternehmer den Handelsartikel Veygond-Stücke und Veygond-Romane regelmäßig auf den Markt bringt und durch public relations Leute diesen Markt »herstellt«. Veygond ist daher ein [...] Markenartikel geworden, der sich – was zu zeigen wäre – auch in seiner Produktion dem Klischee anpaßt, das die Werbung von ihm entworfen hat. Er ist zugleich Opfer und Nutznießer des Wirtschaftssystems, das Kunst in Waren verwandelt.

Iring Fetscher an Joseph Breitbach.
Frankfurt a. M., 15. Dezember 1970

Es ließe sich zeigen, wie Breitbach solche Kritik im ständigen Prozeß der Arbeit am *Genossen Veygond* (wie an allen seinen Texten) – vom Theatermanuskript zur Buchausgabe über neue Bühnenfassungen bis zur letzten, nie ganz endgültigen Druckversion – beherzigt hat, auch im Widerspruch. Sein Lebenselement war das Gespräch, besser noch das Streitgespräch, die Lust an Finten und eleganten Volten, auch des Kontrahenten. Das belegt in erster Linie seine schier unermessliche Korrepondenz; davon zeugen in seinen letzten Lebensjahren die Antworten auf Umfragen, die Rundfunk- und Fernsehinterviews, das große *Zeit*-Gespräch mit Fritz J. Raddatz: »Autoren stehlen Mehrwert wie Unternehmer«.[24]

Sogar eine Glosse über die bibliographische Quelle der Mehrwert-Theorie konnte ihm zur Pointe geraten, die den Adressaten etwa über den Mangel an Patriotismus des französischen Parti Communiste aufklärte. So ließ er den Pariser Minister Jean Lecanuet nach dessen Fernsehduell mit einem Kommunisten wissen, daß der »P. C.« seine Parteipublikationen keineswegs in Frankreich drucken lasse, sondern – »… où … à l'étranger, en Allemagne de l'Est«:

> Je possède une édition des *Théories sur la Plus-Value* de Marx, en deux gros volumes, portant la justification de tirage suivante: Offizin Andersen Nexö à Leipzig pour les Editions Sociales à Paris. Numéro d'édition 4087, dépot légal 3. trimestre 1974. Voilà une belle contribution à la crise de l'imprimerie en France.
>
> *Joseph Breitbach an Jean Lecanuet. 23 février 1978*[25]

Einer der besten und ältesten Freunde Breitbachs, Golo Mann, hatte ihm schon Anfang 1971 zum *Genossen Veygond* gratuliert und zu den Fortschritten dieses Stückes gegenüber der *Jubilarin*:

> Ich beschloß, spät abends, so noch die erste Szene, allenfalls den ersten Akt zu lesen, und las dann das Ganze in einem

Atem durch. Das passiert mir heutzutage nicht oft [...]. Die dramatische Spannung, die Dialektik, die Einsichten, den hintergründigen Witz des *Genossen*, nun gut, die hat der *Genosse*. Von Deinen dramatischen Experimenten scheint es mir das bei weitem reifste und geglückteste. Jede Figur überzeugend und vital. Am überzeugendsten der Veygond selber. Die erste Szene in medias, in medissimas (das gibt's ja gar nicht) res führend. Und gleich überaus dramatisch und zugleich komisch. Das *müßte* auf der Bühne wirken. Geistig und politisch *höchst* amüsant der Umschwung in der Argumentation seiner Entführer: das Reden vom Mehrwert etc., Seite 25 [der Setzer Emile, der Bühnenarbeiter Fred und der Verlagsangestellte Georges fühlen sich von Veygond um den Mehrwert ihrer Arbeit betrogen]; und das Umkehren des Besens auf Seite 62 ff. [Veygond solle »den Proleten zeichnen wie er in Wirklichkeit ist«, solange die Diktatur des Proletariats noch nicht verwirklicht ist.] Und da, dünkt mich, haben die Brüder entschieden mehr recht als zuvor. Es bleibt aber gut, daß der Zuschauer oder Leser nie recht weiß, wo nun der Autor eigentlich steht, der darf ja nirgends stehen. Bei Shaw, an den man bei der Lektüre bisweilen denken mag, wußte mans ja auch nicht, und da lag der Witz der Sache. Man muß viel gedacht haben und Spaß gehabt haben beim Denken, und, besonders in Frankreich, die Leute beobachtet haben, um so etwas schreiben zu können.

Golo Mann an Joseph Breitbach.
Kilchberg am Zürichsee, 21. Januar 1971

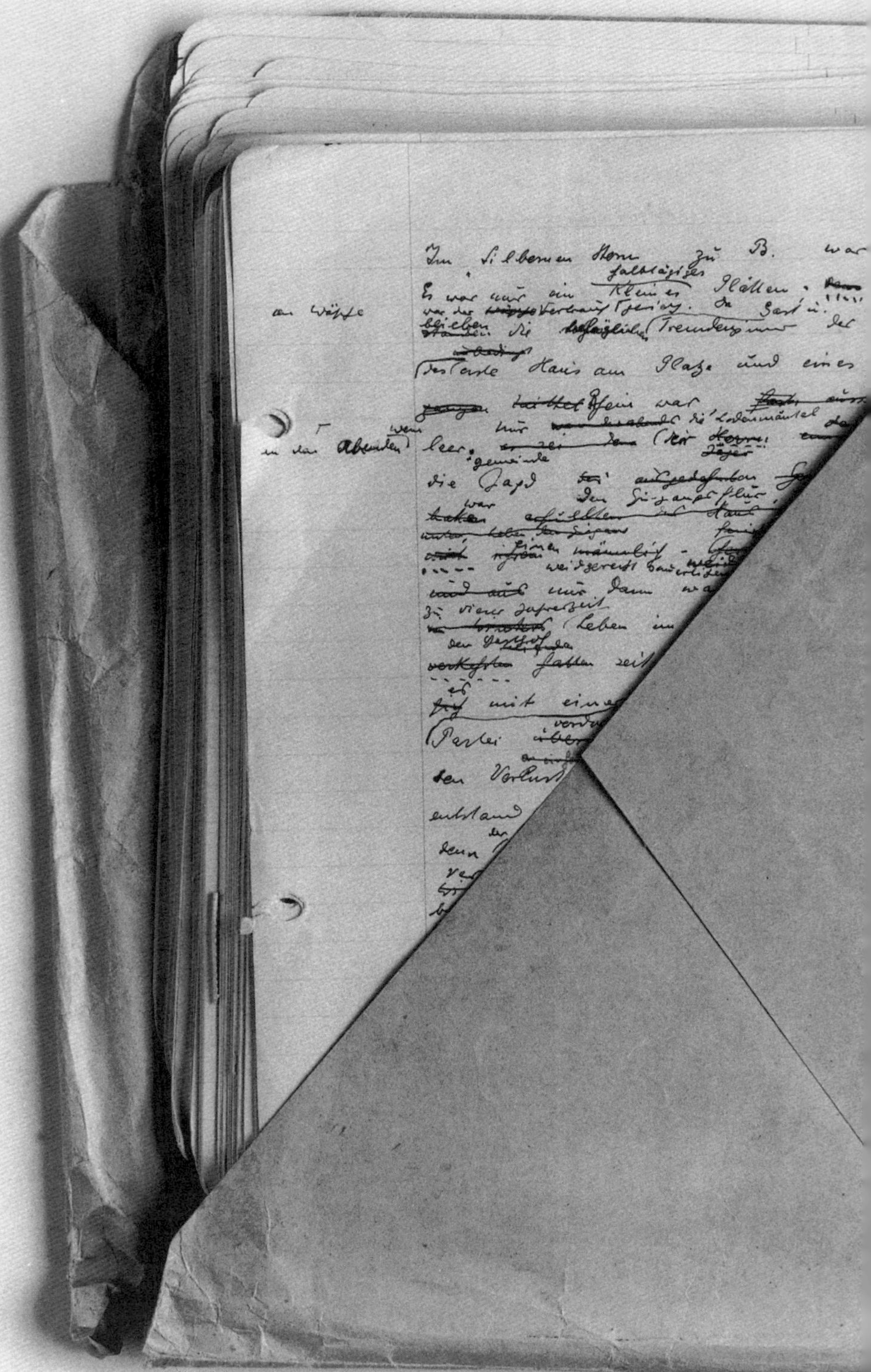
Im Silbernen Stern zu B. war

Die Höflichkeit des Erzählers

ICH WILL ZUM »RICHTIGEN« ERZÄHLEN ZURÜCK

Auch als im Herbst 1973 in Breitbachs neuem Verlag, bei S. Fischer, seine gesammelten Erzählungen erschienen, alte und neue (darunter Kapitel aus den abgebrochenen Romanen *Clemens* und *Frau Berta*), berichtete Golo Mann dem Autor von seinen Lektüreeindrücken:

> Ich las, so spät abends im Bett, die gesammelten Erzählungen mit einer Ausnahme, *Das Radieschen*, dazu kam ich noch nicht. Aber alles andere, ob ich es kannte wie *Clemens* und *Brief eines Pharisäers* oder es nicht kannte wie *Rot gegen Rot, Schuß im Tiergarten, Education Sentimentale, In der Gärtnerei, Die Rabenschlacht.* [...] Es sind sehr, sehr gute Sachen. *Rabenschlacht* und *Gärtnerei* so spannend wie unheimlich stimmungsvoll. Und ganz ebenso frisch wie die frühen Berliner und Rheinland-Erzählungen. [...] Du bist, mon cher ami, ein Erzähler von Gnaden, und hättest in Deinem Leben wohl *noch* mehr erzählen sollen. Wenn etwa der Roman *Frau Berta*

links Handschrift des *Clemens*-Fragments, die zum 1941 in Paris von der Gestapo beschlagnahmten Teil von Breitbachs Archiv gehört.

vollendet werden könnte, schlecht wäre das nicht. Aber die Erzählungen stehen da, auch ohne vollendeten Roman, und man liest sie als durchaus autonome Dinge. Wer erzählt heute noch so, daß mans mit Spannung liest und ohne sich zu schämen? Unsere Welt wird immer närrischer, und verächtlicher auch, die einen weben an des Kaisers neuen Kleidern, die anderen behaupten die Kleider zu sehen, besonders, wenn Professor Habermas der Weber ist. [...]

De coeur à toi Golo

Golo Mann an Joseph Breitbach.
Kilchberg am Zürichsee, 20. Oktober 1973

»Wer erzählt heute noch so ...?« – In der Distanz zu einer Roman-Avantgarde, der ihr Gegenstand, die *Welt*, über der fortschreitenden Problematisierung des eigenen Metiers, des Erzählens selbst, verloren zu gehen drohte, waren sich die beiden Freunde einig. Dem hitzköpfigen Breitbach lag dabei alle Resignation fern. Schon Faulkner, der späte Hemingway, Joyce gingen – davon war er überzeugt – auf Irrwegen. Andere Autoren, die er bewunderte, spielte er gegen sie aus:

Dass Sie [Hans Erich Nossack] Anderson [Sherwood A.] übersetzen! Ich habe eine *Vor*liebe für ihn. Er wird übrigens in der amerik. Literatur *bleiben*, jedenfalls hat er *mehr* Aussichten als Faulkner, den ich für viele Stellen in fast allen Werken, für einige *wenige* Werke auch ohne Einschränkung bewundere, dessen Flegelhaftigkeit gegenüber dem *Leser* mir aber unerträglich ist. Ein Buch *absichtlich* unklar machen ist eine Flegelei, z. B. zwei Personen *absichtlich* den gleichen Namen geben.[26] [...] Man überschätzt ihn in Europa, weil er auf Europäer exotisch wirkt. Raabe hat im *Stopfkuchen* Faulkners Erzähltechnik vor fast hundert Jahren schon vorweggenommen.

> Ich war übrigens einmal mit Faulkner hier eingeladen. Wenn man sich benimmt wie er, sollte man keine Einladungen annehmen.
>
> *Joseph Breitbach an Hans Erich Nossack. Paris, 23. Dezember 1957*

Über Neuerscheinungen, an denen er gar nichts auszusetzen fand, konnte er sich rückhaltlos freuen, so über Marieluise Fleißers Erzählungen in ihrem Sammelband *Avantgarde* (1963). Aber auch Lob und Freude verstärkte er gern durch den Kontrast seines Unmuts über »Flegeleien« großer Erzähler:

> Nun, schon Flaubert hat in den letzten Jahren seines strengen Lebens von einem Roman geträumt, der keinen »Inhalt« habe und in Knut Hamsun's *Hunger* halluziniert der Icherzähler ein im Norwegischen nicht existierendes Wort »Kuboa« und versucht die Bedeutung des neuen Wortes zu erforschen. [...] Aber es gelingt ihm nicht aus den Mitteln der Sprache ein Spiegelbild der aussersprachlichen Vorstellung von Menschenwelt zu finden und das neue Wort plagt ihn und plagt ihn und bemächtigt sich seiner, weil er sich nicht entschliessen kann dem neuen Wort eine Bedeutung zu geben. Dass er das Wort gefunden habe sei die Hauptsache [...].
>
> Solche Sorgen haben die Figuren in Marie-Luise Fleissers soeben erschienenem Band Erzählungen nicht. Die Autorin fragt sich, glücklicherweise, nicht »was Sprache ihrem Wesen nach an Erzählmöglichkeiten vorgibt.« Sie erzählt
>
> *Joseph Breitbach: Entwurf zu einem Text über Marieluise Fleißer*

Ungerührt demonstrierte er erzähltechnische Defekte an Texten, die andere für besonders gekonnt hielten. Über ein Virtuosenstück von Rudolf Borchardt schrieb er an Carl Jacob Burckhardt, als der ihm seinen Briefwechsel mit Hofmannsthal (Frankfurt a. M.: S. Fischer, 1956) geschickt hatte:

> Borchardts in der Tat »stupende« Erzählung *Hausbesuch*, die Sie 1929 mit Vorbehalten aber doch rühmend erwähnen, habe ich mir früher ein paarmal sehr genau angesehen. (In der alten Fassung der Horenausgabe [27], die B. vielleicht für die eben erscheinende Gesamtausgabe geändert hat?) Die Erzählung enthält sehr viele Schwächen in der Erzähltechnik. Es sind also nicht die Anklänge an den mir widerlichen kessen Berliner Ton der Zwanziger Jahre, die mich stören. Borchardt hat an zu vielen Stellen nicht bedacht, dass in einer Ich-Erzählung das Praeteritum seinen Gegenwartscharakter verliert, den das Praeteritum der in der dritten Person erzählten Fiktion doch gegen den *Anschein* der Vergangenheitsform besitzt.
>
> Das Praeteritum wird in der Ich-Erzählung eine echte Vergangenheitsform wie in der Chronik oder Autobiographie. Die ZEIT herrscht, statt wegillusioniert zu sein. Sehen Sie sich nur einmal an, welch ein Durcheinander in der Erzählung entsteht, wenn die Ich-Erzählerin direkte Reden der Personen in direkter Form wiedergibt, Personen, *von* denen sie berichtet. Ein derart auf Brillanz gestelltes Werk sollte aber gerade in technischer Hinsicht fehlerlos sein. Muss man bei Borchardt nicht immer wieder an Saint-Saëns denken, diesen Könner aller Formen. Ich habe gegen beide die gleichen Vorbehalte [...].

Joseph Breitbach an Carl Jacob Burckhardt.
Braffy [Normandie], 24. Oktober 1956

Breitbachs Urteil wog hier, für ihn selbst, besonders schwer, weil er von derjenigen Form des Erzählens sprach, zu der er selbst auf dem Wege war: dem *Bericht* eines Ich-Erzählers, der die wörtliche Rede der Personen in die konjunktivische Distanz indirekter Rede rückte, also – etwa in seinem Hauptwerk *Bericht über Bruno* (1962) – auf Verlebendigung, Vergegenwärtigung der berichteten Vorgänge durch direkte Rede der handelnden Personen bewußt verzichtete. Einige Jahre nach dem *Bericht über Bruno* gab er, in einem Brief an Harald Weinrich, in dem er sich auf Weinrichs Satz »Die Literatur scheint sich also von der Zone der Unwahrheit noch weiter fortbewegen zu wollen«[28] bezog, eine geradezu moralische Begründung für die »Beengung und Kompartimentierung« seiner Erzähloptik:

> Der Satz hatte mich damals getroffen. Deshalb, weil ich seit Jahren nur noch in der ersten Person zu erzählen vermag, obwohl ich mir dessen bewußt bin, dass jede Form des Erzählens die Konvention Autor-Leser voraussetzt und dass es ganz gleichgültig ist, *wie* erzählt wird, weil der Erzähler in jedem Fall der Allwissende Schöpfer und Gottkonkurrent ist, der sich höchstens dumm stellt, wenn er sich die Erzähloptik, in die er seine Figuren plaziert, einengt. Ich bin übrigens ganz allein, durch ein immer stärker werdendes Malaise, in den Jahren 33 bis 38, auf die Beengung und Kompartimentierung der Optik gekommen und habe dann erst zum ersten Mal überhaupt ein theoretisches Buch über Erzähltechnik gelesen, also eigentlich erst nach dem Verlust meiner Erzählernaivität.
>
> *Joseph Breitbach an Harald Weinrich, 15. April 1968*

Jenes »Buch über Erzähltechnik« ist wohl Käte Hamburgers Hauptwerk *Die Logik der Dichtung* (Stuttgart: Ernst Klett, 1957) gewesen und darin vor allem das Kapitel »Die epische Fiktion« mit den Unterkapiteln

»Historisches und fiktionales Erzählen«, »Das epische Präteritum« und »Die Beschaffenheit der Erzählfunktion« (S. 21–114). Breitbach hatte auch ihre früheren Bücher gelesen, kannte sogar die in der *Deutschen Vierteljahrsschrift für Literaturwissenschaft und Geistesgeschichte* (»die ich mir übrigens Ihretwegen abonniert habe«) erschienenen Vorstudien zur *Logik der Dichtung*, vor allem die Abhandlung über *Das epische Präteritum* (1953):

> Nun liegt das Material ja verdichtet in Ihrem neusten Buch, wo Sie S. 49 dieses von keinem so klar behandelte Thema noch einmal zusammenfassen in dem Satz »Die Fiktionalisierung ..... vernichtet die temporale Bedeutung des Tempus.« Ihre scharfsinnigen Ausführungen über die Icherzählung haben mich deshalb fasciniert, weil ich seit einem Jahr mit einer Icherzählung beschäftigt [dem Fragment gebliebenen Roman *Frau Berta*], zu meiner eigenen Überraschung auf die sich mit dieser Form auftuenden Formprobleme gestossen war. Ich hatte die Icherzählungsform nur deshalb gewählt, um eine einheitliche Erzählperspektive zu gewinnen, die mir auch erlauben sollte, ausgiebig die zusammenraffende indirekte Rede zu benutzen. Im Lauf der Arbeit ging mir dann auf, dass die Icherzählung in der Tat, wie Sie es so glücklich formulieren, eine »existentielle Dichtungsart im episch-fiktionalen Raum« ist, d. h. dass sie einen Aspekt tieferen »engagements« seitens des Autoren hat.

Joseph Breitbach an Käte Hamburger.
Paris, 13. Dezember 1957

Die Stuttgarter Germanistin staunte mit Recht über den zustimmenden Brief eines ihr bis dahin nicht bekannten Autors aus Paris, über seine »Visitenkarte«, auch in Form von Buchgeschenken (die große Proust-Ausgabe), und antwortete:

> Ich bin besonders erfreut, daß mein kompliziertes Kapitel über die Struktur der Icherzählung Ihnen einleuchtet. Ja, wie ich es fast vermutet hatte, scheinen es besonders die Schriftsteller selbst zu sein, die meinem Buche mit Verständnis entgegenkommen und es begrüßen. Sie verstehen es besser als die Literaturwissenschaftler: gerade eben schrieb mir ein Kollege aus Amerika sich wundernd, daß die Icherzählung und das Imperfekt in ihr etwas anderes sein sollte als die Er-erzählung. Sie, diese anderen, verstehen den Unterschied zwischen einer Fiktion und einer fingierten Autobiographie nicht, der ja diesen Strukturunterschied enthält […]. Ich darf aber berichten, daß s. Zt. kein geringerer als Thomas Mann mir ganz begeistert über das Problem des epischen Präteritums schrieb und es voll bestätigte. Mir sind die Zustimmungen der Dichter zu meiner Theorie weitaus wichtiger als die der zünftigen Fachkollegen, denn so weiß ich, daß ich richtig gesehen habe.
>
> *Käte Hamburger an Joseph Breitbach.*
> *Stuttgart, 25. Dezember 1957*

Kein Zweifel: Breitbachs Kritik an Borchardts *Hausbesuch* hatte schon von seiner Käte-Hamburger-Lektüre profitiert. In seiner Antwort verzichtete er auf alle theoretischen Prätentionen: »Was mich betrifft, ich will zum ›richtigen‹ Erzählen zurück und dabei merkt man den grauenhaften Verschleiss der uns umgebenden Sprache.« (J. B. an K. H., Paris, 14.1.1958)

Was hieß für Joseph Breitbach »richtiges« Erzählen? – Nach den zitierten Briefen ging es ihm um Erzählen ohne die »Flegelhaftigkeiten« der Avantgarde, also ohne unnötig verwirrenden Perspektivenwechsel, ohne kokett vorgeschobenen oder gar tatsächlichen Mangel an mitteilenswerter Weltkenntnis; um ein Erzählen, das Zutrauen bewahrte zur Erzählbarkeit von Geschichten, ohne langweilige Reflexion der »Erzählmöglichkeiten«, ohne Verstöße gegen die temporale Struktur (die Zeit sollte »herrschen«, »statt wegillusioniert zu sein«). Aus dem Verlust seiner Erzählernaivität hatte Breitbach die beschränkte Perspektive seiner Ich-Erzähler gerettet, die ihre Position gegen alle Turbulenzen der erzählten Ereignisse verteidigten:

> Wenn ich heute zurückdenke, scheinen mir die Ereignisse sich von jenem Tag an überstürzt, ohne Folge in der Zeit abgespielt zu haben, ähnlich unseren sich immer überschneidenden Gedanken. Und doch hatten sich die Ereignisse, wie alles, was uns zustößt, hintereinander zugetragen und sind auf die chronologische, die um Höflichkeit bemühte Weise erzählbar, wie ein Bericht es verlangt.
>
> *Joseph Breitbach: Bericht über Bruno. Roman. Frankfurt a. M.: Insel-Verlag, 1962. S. 271*

So mußte sich Bruno Collignons Großvater, der Ich-Erzähler des *Berichts*, gegen Ende des Romans selbst zur Ordnung rufen. – In seinem letzten großen Buch, dem humoristischen Roman *Das blaue Bidet oder Das eigentliche Leben* (1978) machte Breitbach die mühevolle Auffindung eines solchen »um Höflichkeit bemühten« Erzählers zum komischen Bestandteil der Romanhandlung selbst. Zuerst versuchte es »der Autor« mit Herrn Barbe, dem Romanhelden, und ließ ihn seinen Ausstieg aus dem kapitalistischen Leben, aus all dem »Eigentum, das ihn umzingelte«, in der Ich-Form erzählen. Von Kapitel zu Kapitel verschoben sich dann die Perspektiven: Er-Erzählung, direkte Rede, erlebte Rede, innerer Monolog. In Kapitel 19 endlich vollzogen sich ›Ablösung des Erzählers und Dienstantritt eines neuen‹:

Dank dem Umstand, daß er einen Anwalt suchte, lernte ich Barbe kennen.

Aber bevor der Leser erfahre, wo und wie dies geschah, nehme ich dem verspielten Autor die Feder aus der Hand und versuche in Barbes Geschichte ein durchgeführtes Prinzip der Erzählweise zu bringen. Da hapert es auffallend. Offensichtlich hat der Autor sich einen Jux daraus gemacht, das, was sein Barbe denkt, empfindet, tut und erleidet, manchmal in der Ich-Form zu schildern, so, als sei er selber Barbe, also auch so dumm und klug wie dieser, manchmal aber so, als sei ihm wie dem Allwissenden der Christen jedes Gefühl, jeder Vorsatz Barbes besser bekannt als diesem selber. Nach dem letzten Prinzip haben, jahrhundertelang, die meisten Autoren erzählt, manche tun es heute ja noch oder schon wieder. Doch diese müssen sich dafür von der »progressiven« Kritik oft als »konventionelle« Erzähler tadeln lassen. Als ob nicht jede Form des Erzählens konventionell sei, nämlich auf der Konvention beruhe, nach der es zwischen dem Käufer eines Romans und dem Autor eine ausgemachte Sache ist, daß die geschilderten Personen nicht im Zimmer sitzen. [...]

Nach welchen Stilprinzipien ein Roman geformt ist, sei nicht vorrangig, das war es wohl, was mein Autor – denn jetzt bin ich ja sein Geschöpf – mit dem bis zum vorangehenden Kapitel verabreichten Wechselbad der Erzählformen hat vorführen wollen.

Aber nun soll Schluß sein mit diesen literarischen Spielereien. Ich bin es, der jetzt hier die Feder führt; im Einverständ-

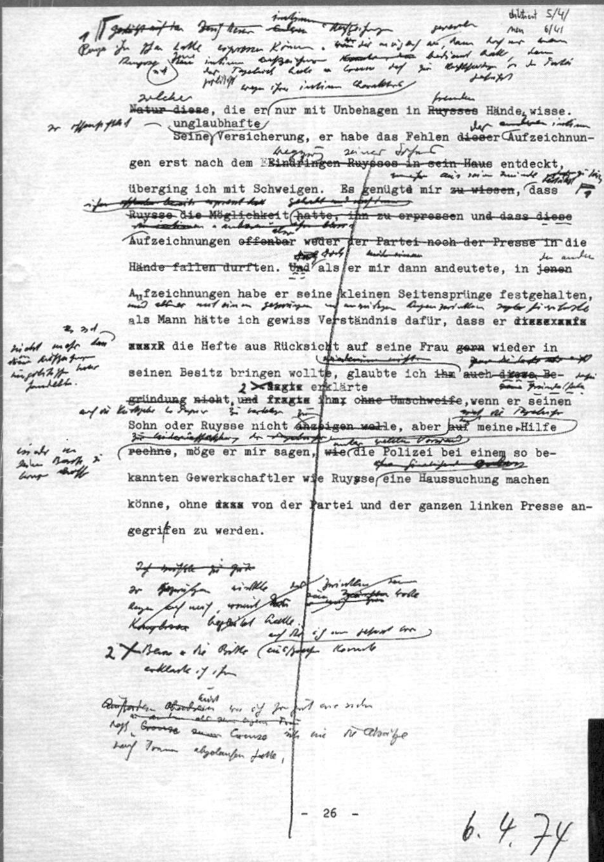

Natur diese, die er nur mit Unbehagen in Ruysses Hände wisse.
unglaubhafte
Seine Versicherung, er habe das Fehlen dieser Aufzeichnungen erst nach dem Eindringen Ruysses in sein Haus entdeckt, überging ich mit Schweigen. Es genügte mir zu wissen, dass Ruysse die Möglichkeit hatte, ihn zu erpressen und dass diese Aufzeichnungen offenbar weder der Partei noch der Presse in die Hände fallen durften. Und als er mir dann andeutete, in jenen Aufzeichnungen habe er seine kleinen Seitensprünge festgehalten, als Mann hätte ich gewiss Verständnis dafür, dass er die Hefte aus Rücksicht auf seine Frau gern wieder in seinen Besitz bringen wollte, glaubte ich ihm auch diese Begründung nicht, und fragte ihn, ohne Umschweife, wenn er seinen Sohn oder Ruysse nicht anzeigen wolle, aber auf meine Hilfe rechne, möge er mir sagen, wie die Polizei bei einem so bekannten Gewerkschaftler wie Ruysse eine Haussuchung machen könne, ohne dass von der Partei und der ganzen linken Presse angegriffen zu werden.

– 26 –

6. 4. 74

links Manuskriptblatt aus Joseph Breitbachs Erzählung *Lärm*. April 1974.

rechts Joseph Breitbach. Foto von André Ostier, Paris 1945.

links Julien Green.
Foto von Halsmann, Paris.
Mit Widmung: »à Josef Breitbach affectueusement Julien Green 1936«.

oben Golo Mann. Foto aus Breitbachs Nachlaß, um 1955.

unten Stefan Zweig. 1935.

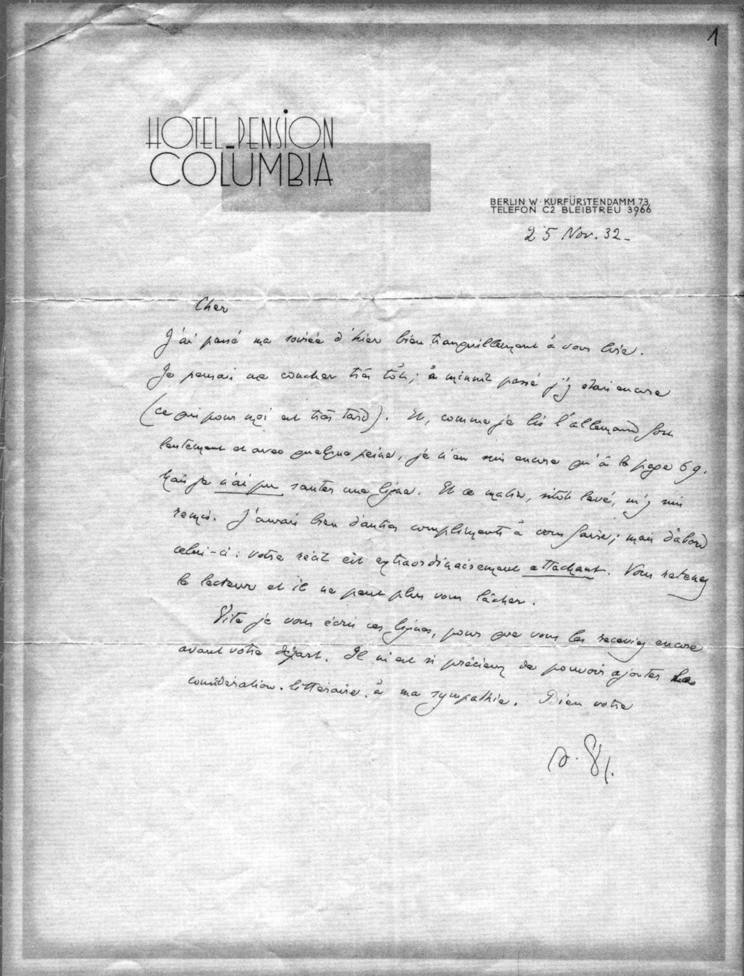

1

HOTEL PENSION
COLUMBIA

BERLIN W · KURFÜRSTENDAMM 73
TELEFON C2 BLEIBTREU 3966

25 Nov. 32.

Cher

J'ai passé ma soirée d'hier bien tranquillement à vous lire. Je pensais me coucher très tôt; à minuit passé j'y étais encore (ce qui pour moi est très tard). Et, comme je lis l'allemand fort lentement et avec quelque peine, je n'en suis encore qu'à la page 69. Mais je n'ai pu sauter une ligne. Et ce matin, sitôt levé, m'y suis remis. J'aurais bien d'autres compliments à vous faire; mais d'abord celui-ci: votre récit est extraordinairement attachant. Vous retenez le lecteur et il ne peut plus vous lâcher.

Vite je vous écris ces lignes, pour que vous les receviez encore avant votre départ. Il m'est si précieux de pouvoir ajouter la considération littéraire à ma sympathie. Bien votre

A. G.

oben André Gide an Joseph Breitbach. Berlin, 25. November 1932.

oben André Gide.
Foto von Thea Sternheim.
Berlin, Juli 1931.

unten Aus *Die Zeit*, Nr. 49, 7. Dezember 1962. Auf den Bestseller-Listen in der *Zeit*, im *Spiegel* und in anderen Zeitungen nahm Breitbachs Roman *Bericht über Bruno* im Herbst und Winter 1962 zweite und dritte Plätze ein. Acht Wochen nach Erscheinen zeigte der Insel Verlag das 24. Tausend an.

rechts Schutzumschlag der 1973 im S. Fischer Verlag, Frankfurt a. M., erschienenen gesammelten Erzählungen.

nis mit dem Autor werde ich mich bemühen, daß der Leser auf eine ihn nicht ärgernde, bequeme Weise erfahre, wie ich Barbe kennenlernte und welche Rolle dieser Sechzigjährige in meinem Leben spielen sollte.

Joseph Breitbach: Das blaue Bidet oder Das eigentliche Leben. Roman. Frankfurt a. M.: S. Fischer, 1978. S. 62–64

Der erste Satz des folgenden 20. Kapitels macht uns, die Leser, mit dem neuen Ich-Erzähler bekannt, als dieser ganz zufällig dem Romanhelden über den Weg läuft: »Nach der Unterbrechung seiner Reise erschien er [Barbe], übernächtigt und unrasiert, im Büro des Anwalts, bei dem ich in den Frühjahrsferien meine Kenntnisse des Spanischen und Italienischen zu Taschengeld machte« (S. 65). Barbe engagiert dieses Ich, einen jobbenden Studenten, als Chauffeur und Reisebegleiter, und der Autor beider Figuren gewinnt gegenüber den Abenteuern seines Helden ein Medium nicht nur für die fortan einheitliche Perspektive des Romans, sondern auch und vor allem für das Mitgefühl der Leser. Erst dadurch kann die Posse am Ende in die tragische Groteske umschlagen. Breitbach demonstriert also erzählend, ohne sich noch kommentierend einmischen zu müssen, den »existentiellen« Charakter der fiktionalen Ich-Erzählung, ihren Aspekt eines »tieferen ›engagements‹«. Käte Hamburger hat den Roman übrigens (»mit einigen [stofflich begründeten] Widerständen und Schocks«) durchaus als Probe auf ihre Theorie gelesen: »Sehr besonders [ist] auch der Wechsel der Erzählperspektive, der letztlich den Wechsel vom Komischen ins Tragische erzähltechnisch möglich macht und konstituiert.« (K. H. an J. B., Stuttgart, 8.1.1979).

Breitbach wäre nicht Breitbach, wenn er seine erzähltechnischen Verdikte, Kapriolen und Marotten nicht auch *polemisch* hergeleitet und begründet hätte. Er hatte die erste Fassung der Erzählung, die er erst viele Jahre später (1978) und nach langem Widerstreben als ausgewachsenen Roman *Das blaue Bidet* veröffentlichte, schon 1963 abgeschlossen. Seinem Freund und Lektor Fritz Arnold, damals noch Leiter des Insel Verlages, schrieb er dazu: »Die plötzliche Einführung des Icherzählerstudenten, der Bouvards Geschichte [der Romanheld Barbe hieß ursprünglich Bouvard in Anspielung auf Flauberts *Bouvard et Pécuchet*] weitererzählt und seine eigene am Rande miteinflicht, war einem Ärger über Adornos befehlerisch apodiktischen Aufsatz in Noten zur Literatur *Standort des Erzählers im zeitgenössischen Roman* entsprungen« (J. B. an F. A., Braffy, 27. 9. 1963). Dort konnte er lesen: »Der Roman müßte sich auf das konzentrieren, was nicht durch den Bericht abzugelten ist. Nur sind ihm im Gegensatz zur Malerei in der Emanzipation vom Gegenstand Grenzen gesetzt durch die Sprache, die ihn weithin zur Fiktion des Berichtes nötigt: konsequent hat Joyce die Rebellion des Romans gegen den Realismus mit einer gegen die diskursive Sprache verbunden.«[29] Das mußte den Verfechter des strengen Berichts, der alle »Flegelhaftigkeiten« gegen die diskursive Sprache verabscheute, ärgern.

Auch ohne die folgende *dritte* Begründung für das Auswechseln des Erzählers im *Blauen Bidet* wäre Breitbach nicht Breitbach: »Auch hat es mich belustigt, und das tut es noch jetzt« (an Fritz Arnold, Braffy, 27. 9. 1963).

KOLLEGENLOB, KOLLEGENSCHELTE. EIN AUTOR FÜR AUTOREN

Immer stand der Autor Joseph Breitbach, schon in den Jahren um 1930, in lebhafter, oft enger freundschaftlicher Verbindung mit vielen anderen Autoren, deutschen und auch französischen, mit den etwa gleichaltrigen (Kesten, Alverdes, Britting, Julien Green,

Jochen Klepper, Klaus Mann, Marguerite Yourcenar), aber auch mit bewunderten älteren (mit André Gide, Jean Schlumberger und Roger Martin du Gard, mit Thomas Mann, Carl Jacob Burckhardt, Ernst Jünger) und in den Jahrzehnten nach 1945 mit zahllosen Autoren der aufeinander folgenden literarischen Generationen (von Peter Gan, Nossack und Koeppen über Andersch, Bienek und Martin Walser bis zu Herburger, Christian Enzensberger, Raddatz, Bazon Brock, Friedrich Wilhelm Korff und vielen anderen), zu schweigen von Publizisten (von Sieburg bis Augstein) und Gelehrten (von Alewyn bis Wapnewski und Szondi). Seine nachgelassene Korrespondenz gibt davon Zeugnis.

Der seiner Mittel zunehmend sichere und bewußte, der obendrein theoretisch so versierte Erzähler las die Neuerscheinungen der Kollegen (die er immer schon gekauft hatte, bevor sie sie ihm schenkten) mit dem Stift, oft mit Stiften verschiedener Farben für Lob und Kritik. So wurde er zum Mentor seiner jungen Freunde, deren Bücher er um so sorgfältiger korrigierte, mit kritischen Randbemerkungen versah, wenn er sie mochte, von ihrer Begabung überzeugt war. »Ich besitze drei Bücher von mir«, erinnerte sich Günter Herburger, »die Breitbach mit dem Bleistift in der Hand gelesen hat. Gräßlich die Ausdrucks- und Grammatikfehler, die er anstrich oder in seiner kleinen, ungeduldig gedrängten Schrift höhnisch kommentierte. Aber auch herzbewegend die zart konjunktiven Lobpreisungen mit Ausrufungszeichen«.[30] Herburger, den er schon Mitte der fünfziger Jahre in Paris mit allerlei literarischen Hilfsarbeiten finanziell über Wasser gehalten hatte, verdiente sich Breitbachs fast rückhaltlose Zustimmung mit seinem ersten Band Erzählungen *Eine gleichmäßige Landschaft* (1964). Aber sein erster Roman *Die Messe* (1969) erregte Breitbachs Zorn:

> [...] den Kolossalfehler Ihrer Konzeption sehe ich in der Erzähleroptik. Wer so undiszipliniert denkt und schreibt, wie Sie es in diesem Roman tun, der *muss* in der Ich-Form schreiben. Nur diese hätte Sie zwingen können, darauf zu achten, in

> welcher Optik alle Episoden des Buches zu sehen sind. Da geht es wie Kraut und Rüben durcheinander. [...] Haben Sie denn nicht gesehen, wohin es führt, wenn Sie zum Beispiel (ich greife willkürlich heraus) auf Seite 291 schreiben: »Gudrun und *Hermanns* Mutter sitzen in der vordersten Reihe. Hermann steht ...« haben Sie nicht gesehen, dass, wenn Sie wenigstens *seine* Mutter geschrieben hätten, der Satz besser sässe. Denn er ist gefolgt von »Onkel Simon«. Also sein, Hermanns Onkel. [...] Die Ich-Form hätte Sie gezwungen, *meine* Mutter zu schreiben. Und dieses »meine« hätte [Sie] berechtigt, »Onkel Simon« zu schreiben. Diesen Fehler, den ich als ganz schweren Fehler empfinde, weil er mir ein Buch verleidet, habe ich hunderte Mal in dem Roman gefunden. Der Autor bleibt, wenn ich so sagen darf, mit solcher Verachtung erforderlicher Nuancen nicht am Ball, sondern lässt den Ball laufen.
>
> *Joseph Breitbach an Günter Herburger. 31. Mai 1969*

Breitbach fand auch sonst im willkürlichen Hin und Her der Tempusformen, im »übergangslosen Wechseln von einem Schauplatz auf den anderen« modisch-modernistische Unarten, die aus Herburgers Roman für ihn »einen Gipfel der Unhöflichkeit gegenüber dem Leser« machten. Sein Grundeinwand: »Ihr Buch kommt über das Kaleidoskopische nie hinaus. Man kann das Chaos nicht in chaotischen *Formen* evozieren.« Herburger verteidigte seine Erzählerperspektive (»Ich weiß nur so viel, wie Hermann weiß«), stritt für »unreine« literarische Formen, für häufigen und unvermittelten Wechsel der »Erzählrichtung« (dafür sei der Leser »durch das häufige Anschauen von Filmen [...] schon trainierter, als wir ahnen«); sein Ziel sei »eine Art Simultaneität« (G. H. an J. B., Bibione, 10. 7. 1969). Er konnte Breitbach nicht überzeugen.

Breitbach hielt mit Widerspruch und Kritik ebensowenig zurück wie mit Lob und Bewunderung. Auch er selbst hat, von seinen ersten

Büchern an, die kritische Begleitung seiner Arbeit durch ältere, gleichaltrige und schließlich noch durch oft viel jüngere Kollegen in ganz erstaunlichem Maße erfahren. So hat Stefan Zweig Breitbachs ersten Roman *Die Wandlung der Susanne Dasseldorf* noch vor Erscheinen, in den Druckfahnen, gelesen:

> Etwas Chirurgie im Mittelteil hätte zwar nicht geschadet, man versteht und kennt schon die Gestalten [...]. Aber im Ganzen hält das Buch fest, ein ausgezeichnetes Stück Architektur, bei dem ich das übliche Ornament der Landschaft und das Rankenwerk der beschreibenden Psychologie gar nicht vermisse. Als entscheidender Fehler (verzeihen Sie die Offenheit!) erscheint mir der Titel. [...] daß Sie damit das Blendlicht auf die Susanne lenken, denn obwohl völlig lebenswahr, plastisch und naturrichtig, ist dieses »tüchtige« Mädchen keine Gestalt, mit der man leben (geschweige denn schlafen) möchte. Vielleicht wissen Sie selbst nicht, daß Sie hier in Antipathie oder Ressentiment gestaltet haben, während Peter wahrhaft con amore geschrieben ist, ein voller Kerl, der leibt und lebt, der einzig liebenswerte unter diesen tüchtigen, anständigen Leuten, bei denen ich nicht einquartiert sein möchte. Nun ist aber der Leser immer einquartiert auf Befehl des Dichters und da Sie das Hausschild Susanne über die Tür Ihres Romans gehängt haben, [...] entsteht kein rechter Kontakt an Sympathiezündung, der für den rein praktischen Erfolg geheimnisvoll nötig ist. [...] Wenigstens für das Ausland möchte ich Ihnen raten, unbedingt den Titel zu ändern.
>
> *Stefan Zweig an Joseph Breitbach. Salzburg, 26. Oktober 1932*

Stefan Zweig hat den homoerotischen Blick des jungen Autors auf seine Figuren diskret benannt. Breitbach ist seinem Rat gefolgt und hat der Ende 1934 bei Gallimard in Paris erschienenen französischen Version den Titel *Rival et Rivale* gegeben. André Gide, mit dem Breitbach seit 1926 in Verbindung stand, hat aber das Buch noch auf deutsch und in Deutschland, gleich nach der Auslieferung, gelesen:

> Cher
> J'ai passé ma soirée d'hier bien tranquillement à vous lire. Je pensais me coucher très tôt; à minuit passé j'y étais encore (ce qui pour moi est très tard). Et, comme je lis l'allemand fort lentement et avec quelque peine, je n'en suis encore qu'à la page 69. Mais je *n'ai pu* sauter une ligne. En ce matin, sitôt levé, m'y suis remis. J'aurais bien d'autres compliments à vous faire; mais d'abord celui-ci: votre récit est extraordinairement *attachant*. Vous retenez le lecteur et il ne peut plus vous lâcher.
>
> *André Gide an Joseph Breitbach.*
> *Berlin, Hotel-Pension Columbia, 25 Novembre 1932*[31]

Allerdings wollte Breitbach seine Leser immer und in erster Linie fesseln (»attacher«); sie sollten möglichst nicht imstande sein, vor dem Ende eines Buches loszulassen (»lâcher«). Bei einem jungen Kritiker seines *Berichts über Bruno* vermißte er vor allem einen Hinweis auf diese Qualität: »ich hoffe meine Leser NIE zu langweilen, und das ist mir von der Kritik auch seit meinen Anfängen immer gern bestätigt worden« (J. B. an den Studenten Dietmar Schings, 20.8.1963). Roger Martin du Gard, der Freund von Gide und Jean Schlumberger, hat *Rivale et Rivale* auf französisch gelesen, ähnlich gefesselt wie Gide:

> [...] j'ai eu la imprudente curiosité de lire la première page. ... Ma soirée entière y a passé! Je n'ai pu me détacher qu'à minuit, et à la 100eme page. Quelle matière riche et dense! C'est comme un courant d'eau, grossi par des crues, qui vous emporte en bouillonnant. Ça m'épate beaucoup. J'attends avec impatience le soir pour m'y replonger.
>
> *Roger Martin du Gard an Jean Schlumberger.*
> *Nice, 19 février 1935*[32]

Aber die Fortsetzung der Lektüre minderte den großen ersten Eindruck, wie ja auch Stefan Zweig im »Mittelteil« des Buches sich »etwas Chirurgie« gewünscht hätte (»man versteht und kennt schon die Gestalten«). Martin du Gard schrieb an den väterlichen Freund des jungen Autors:

> Mon cher vieux, je voulais écrire à M. Breitbach après lecture, et je regrette bien de ne pas l'avoir fait après les 100 premières pages, lorsque je t'ai écrit. La suite m'oblige à faire bien des réserves ... Les caractères ne progressent plus guère, c'est à dire que nous ne progressons plus guère en eux.
>
> *Roger Martin du Gard an Jean Schlumberger.*
> *Nice, 26 février 1935*[33]

Auch die Unbefangenheit, mit der Breitbach homosexuelle Liebesgeschichten in das Romangeschehen einbezog, machte Martin du Gard zu schaffen: »Enfin je tique un peu sur la salacité des épisodes érotiques.« Dennoch empfand er die »force« (Kraft) des Romans, »un don de conteur, une richesse naturelle, qui sont *rares* et bien faits pour me plaire«, und stellte es Schlumberger anheim, seinem Schützling Lob und Tadel gemischt oder nur die »admiration de ma première lettre« weiterzugeben. Schlumberger gab Breitbach von beiden Briefen Kenntnis. Der kritisierte Autor nötigte den viel Älteren (Martin du Gard bekam 1937 schon den Nobelpreis, zehn Jahre vor Gide) zu einem Streitgespräch in Briefen über die Ziele und Mittel seines Erzählens.

Die schärfste Mixtur von Lob und Tadel kam von Thornton Wilder:

> Why, Mr. Breitbach, what a book.
>
> The first part of the Schnath-Peter story, powerful, sometimes told, mostly half-told. Some insincerity in the telling about Schnath [einem homosexuellen Journalisten] – some imitation-scorn of him; some masque-sympathy. Tell all, or

nothing. [Nachträglich mit Rotstift ergänzt:] *All* as psychological truth, that is – – not all as picture which would spoil the truth

Cather [der amerikanische Besatzungsoffizier] not seen at all. Never clear.

Louis [Susanne Dasseldorfs Bruder], terribly uninteresting.

—

And, my god, how terribly German you are! Why all those damnable entanglements in tiny details. 50 pages over those intrigues to save Susanne's »Ruf«. 50 pages mystification surrounding the theft of the blankets.

—

And what crude told details you permit yourself.

Obscenity for art?, – no.

Obscenity for streng[t]h? – no

Looks like obscenity [for] a sensation-success. Obscenity for money –

—

But you are an awfully good writer. A good writer constantly making mistakes in the choice of a subject. […]

Forgive me if my tone offends you. Your sympathetic friendliness has emboldened me to write you exactly what I think.

Thornton Wilder an Joseph Breitbach.
Innsbruck, September 2, 1937[34]

Ein anderer früher Leser von Breitbachs erstem Roman meldete sich noch sehr viel später zu Wort, Christopher Isherwood:

I have always dearly loved your *Wandlung der Susanne Dasseldorf.* Indeed, it is almost the only book I ever stole! I stole a copy belonging to a friend and felt ashamed but couldn't bear to part with it. Later, I'm glad to say, I found another copy, so I returned the stolen one, pretending I had discovered it under a lot of things in a cupboard.

Christopher Isherwood an Joseph Breitbach. Santa Monica, California, December 23, 1965[35]

Immer gab es für Joseph Breitbach den Austausch mit befreundeten Autoren, denen er Einblick in seine entstehenden Arbeiten gewährte wie sie ihm in die ihren – ermunternde Zurufe von Schreibtisch zu Schreibtisch. Da erkundigte sich Julien Green aus »moments de tristesse noire« und nachdem er sechs oder sieben Romananfänge zerrissen hatte: »As-tu éprouvé, comme moi, combien il est difficile d'écrire la toute première page d'un livre? [...] si le *son* de cette 1ère page est faux, tout le livre est faux.« (J. G. an J. B., London, 9.10.1936). Aber er wußte auch, womit Breitbach sich gerade beschäftigte: »J'adore le dialogue d'une rive à l'autre de la Moselle«. Er kannte also schon 1936 diese Szene aus Breitbachs damals entstehendem legendären, Legende gebliebenen, niemals vollendeten, von der Gestapo in den 1941 vorliegenden Teilen beschlagnahmten »Hauptwerk«, von dem im September/Oktober 1937 nur das eine Kapitel *Die Rückkehr* im ersten Heft der Exilzeitschrift *Mass und Wert* erschienen ist, das Breitbach nach dem Krieg unter dem Titel *Clemens* (*Clément*) in mehreren deutschen und französischen Zeitschriften- und Einzeldrucken von neuem veröffentlicht hat. (Geplant, konzipiert, aber nur zum Teil ausgeführt hatte er einen Zeitroman über die Jahre um 1933, der die Folgen der ›Machtergreifung‹ für das Leben in einer Kleinstadt am Rhein zwischen Mainz und Koblenz zeigen sollte.)

»Mes crocodiles se portent bien. Et ton livre?« fragte Julien Green (22.12.1938). Oder: »Comment va ton travail? Mes crocodiles te saluent. Le roman est en excellente voie, et le tien? [...] Fais comme moi! L'amour et l'art, voilà tout ce qui compte, le reste n'est qu'un mauvais rêve« (15.3.1939).[36] Schließlich nahm Julien Green das Teil für das Ganze, das Fragment *Die Rückkehr* (*Le Retour*) als vollgültiges Werk:

> Beaucoup aimé *Le Retour* où je ne puis m'empêcher de voir un grand progrès sur *Rival et Rivale* du point de vue *du métier*, car [...] l'histoire de Clément est contée à ravir avec un grand savoir-faire dans la gradation des incidents jusqu'à la funèbre surprise de la fin. On voit tout admirablement, on est là-bas, on est avec Clément (hélas, ce n'est qu'un rêve). Mais on est volé malgré tout: le banc, le derrière, le sacristain en fureur, tout est prêt pour la correction qu'on attend, qu'on est en droit *d'exiger*. Et il n'y a pas de correction! .. Quoi qu'il en soit, mon plaisir a été très vif. [...] ce que tu nous donne à lire aujourd'hui est d'une rapidité délicieuse. Tous mes compliments, cher Beppo.
>
> *Julien Green an Joseph Breitbach.*
> *Ohne Ort und Datum [Ende 1945?]*[37]

Für diese erzählerische »rapidité délicieuse« hat Julien Green wenig später ein im Französischen geläufiges Bild benutzt, das Breitbach als Charakterisierung seiner Schreibart besonders gefallen und das er deshalb gern zitiert hat: »Le récit est mené tambour battant« (J. G. an J. B., 23. 8. 1948).[38]

Aber »le mauvais rêve«, der Alptraum Krieg, bescherte Breitbach den Verlust seines literarischen Archivs: seiner unfertigen Manuskripte, seiner Notizen und Korrespondenzen. Nach dem Krieg blieb er lange vergessen, ein Geheimtip weniger Kenner. Seine Versuche, den *Clemens* wieder aufzunehmen und zu vollenden, scheiterten. Der skrupulöse Arbeiter verwarf Fassung nach Fassung eines neuen Romans (*Frau Berta*). Erst nach mehr als anderthalb Jahrzehnten kehrte er mit dem erstaunlichen, auf Anhieb auch international erfolgreichen Roman *Bericht über Bruno* (1962) ins öffentliche Bewußtsein zurück und wurde mit den Volksstücken *Die Jubilarin* und *Genosse Veygond* sogar noch zu einem kritischen Zeitgenossen der Achtundsechziger. Wieder war das Echo gerade der Literaten auf seine erzählenden Werke enorm.

Nur noch zwei Beispiele, Ernst Jünger über *Bericht über Bruno* und Wolfgang Koeppen über Breitbachs gesammelte Erzählungen:

> Wenn ich eines der raren Bücher dieser Zeit lese, das diesen Namen verdient, so wünsche ich zuweilen, daß dieser oder jener Autor der Vergangenheit die Lektüre mit mir teilte. In diesem Falle habe ich lebhaft an Stendhal gedacht. Allerdings stehe ich auf der Seite des Großvaters. Das ist ein Kerl, den man vorzeigen kann. Daß Sie als Antagonisten des Bruno nicht den Vater, sondern den Großvater einführten, ist ein gelungener Zug. Er stimmt nicht nur generationsmäßig, sondern auch epochal, denn in unserer Zeit muß man, um auszugären, erheblich an Jahren zulegen, bevor man in produktive Phasen kommt. Das andrängende Material ist zu stark; es läßt sich kaum in einem Leben bewältigen.
>
> Ein junger Besucher, der Ihr Buch gelesen hatte, meinte, daß Sie sich zu ausführlich mit den Quisquilien der Geheimpolizei beschäftigten. Ich teile diese Ansicht nicht. Der Verrat, das Crimen überhaupt, ist heute eine der letzten realen Kategorien; hier kann man einander nicht mit Phrasen abfertigen. Es gibt noch Spielregeln und Komment. Ein Geist wie der Ihre, der auf Formen angewiesen ist, findet hier noch Ausbeute; Sie taten daher recht daran, sich dem Thema zuzuwenden.
>
> Ich möchte noch viel zu dem Buche sagen, an dem mich auch ansprach, daß Sie die Dialoge vermieden haben, die in den modernen Romanen immer peinlicher werden.
>
> *Ernst Jünger an Joseph Breitbach.*
> *Wilflingen über Riedlingen, 2. Dezember 1962*

> Die gesammelten Erzählungen der *Rabenschlacht*, für die ich danke, führen weiter die alte junge Anspielung auf Flaubert, wie ich sie verstehe, damals vielleicht in ironischer Distanz,

heute eine Bestätigung. Pitt, Carl, Clemens, Bruno, der elternlose Ernst Drewer, diese Waisen, Außenseiter, Verfolgte, Träumer, die Jünglinge auf der Suche nach Gerechtigkeit, die es nicht gibt, die Kälte der Welt, der Warenhäuser und der Ideologien, ein großer Schriftsteller, der seiner persönlichen Humanität treu geblieben ist wie kaum ein anderer unserer herumgeworfenen Generation. Ich bin, wenn ich Sie lese, zuhause.

Wolfgang Koeppen an Joseph Breitbach.
München, 15. September 1973

Anmerkungen

1 Alle Zitate ohne bibliographische Quellenangabe folgen den Originalen der Manuskripte, Briefe und Dokumente im Nachlaß Joseph Breitbachs oder in anderen Beständen des Deutschen Literaturarchivs.

2 Joseph Breitbach, »Reminiszenzen«, in: *Merian* 31 (1978) Nr. 2 (Februar): Koblenz, S. 103–106. – Aber auch die ungekürzte Druckfassung unter dem Titel *Koblenz* in Joseph Breitbach, *Feuilletons zu Literatur und Politik*, hrsg. von Wolfgang Mettmann, Pfullingen: Günther Neske, 1978, S. 199–216 enthält die ›Kannitverstan‹-Erinnerungen nicht mehr.

3 Diese und andere Widmungsexemplare befinden sich mit großen Teilen der nachgelassenen Bibliothek Joseph Breitbachs im Europäischen Übersetzer-Kollegium Straelen.

4 Marguerite Yourcenar an Joseph Breitbach. Northeast Harbor, Maine (USA), 21. November 1952: »Ihre Karte aus Deutschland hat mir großes Vergnügen gemacht. Gut zu wissen, daß Sie oft in diesem Lande sind, das trotz allem in so vieler Hinsicht Ihres bleibt (auch wenn Sie in anderer Hinsicht unzählige Einwände haben), und ich erwarte für Sie dieselben guten mythologischen Ergebnisse von diesen Berührungen wie von denen des Antäus mit der Erde. Joseph, der französische Freund, läßt mich nicht Joseph, den deutschen Schriftsteller, vergessen. Ich hoffe sehr, daß Ihnen dieser Aufenthalt in Stuttgart literarischen Gewinn und Vergnügen gebracht hat.

5 Gerhard Schmidt-Henkel, »Die Dialektik von Macht und Moral. Der deutsch-französische Schriftsteller und Publizist Joseph Breitbach«, in: *Médiations/Vermittlungen. Aspects des relations franco-allemandes du XVIIe siècle à nos jours / Aspekte der deutsch-französischen Beziehungen* ... Bd. 2. Bern [usw.]: Lang 1992, S. 575–590, hier S. 576.

6 Josef Breitbach, »Jacques Rivière †«, in: *Die neue Bücherschau*, 5. Jahr, 3. Folge, 3. Schrift [März 1925], S. 51 f.

7 Friedhelm Kemp, »Der Geist der *Nouvelle Revue Française*. Ausgewählte Texte aus den Jahren 1908 bis 1940«, in: *Neue Zürcher Zeitung*, 21./22. Mai 1994 (Fernausgabe), Nr. 117, S. 66.

8 Joseph Breitbach, »Jean Schlumberger, Persönlichkeit und Werk«, in: J. B., *Feuilletons zu Literatur und Politik*, hrsg. von Wolfgang Mettmann. Pfullingen: Günther Neske, 1978, S. 152–170, hier S. 158.

9 Josef Breitbach, »Aus einem unveröffentlichten Roman«, in: *Die Literarische Welt. Neue Folge*, 1934, Hrsg.: Karl Rauch. 10. Jg. (N. F., 2. Jahr), Nr. 10, Berlin, 9. 3. 1934, S. 3f. – Das Romankapitel illustrierte am Beispiel der Rheinlandbesetzung nach 1918 die politische These vom »Wahnsinn von Versailles«, die vielleicht nicht falsch war, aber im neuen politischen Kontext des Blattes (›Kolbenheyer und das neue Denken‹ hieß der Hauptbeitrag auf der Titelseite) den Autor in ein fatales Zwielicht rückte.

10 Joseph Breitbach, »Kennen die Franzosen wirklich die deutsche Literatur von heute?«, in: *La Revue Hebdomadaire*, Paris, 43. Jg., Nr. 23, 9. Juni 1934, S. 231–236: »Was hat man nicht alles veröffentlicht, von Heinrich Manns Romanzyklus über das Kaiserreich von 1902 [daß Breitbach hier eigentlich den *Jahrgang 1902* von Ernst Glaeser aufgezählt hatte, ist in der französischen Fassung verlorengegangen] über den *Sergeanten Grischa* von Arnold Zweig und die Zeitromane von Vicky Baum bis zu Ernst von Salomons *Geächteten*? Und man könnte die Liste der Autoren verlängern, von denen man sich ›Enthüllungen‹ über die Unruhen und Abscheulichkeiten Deutschlands versprach! Bei jeder Neuerscheinung hätten die Leser Anlaß zum Staunen gehabt über die Kälte, mit der diese Schriftsteller ihre eigene Nation betrachteten. [...] Welche karikaturistische Verzerrung bot Heinrich Mann von Deutschland! Mit welcher Gleichgültigkeit, mit welchem inneren Abstand sprachen all diese Autoren von ihrem Land, als hätten sie mit dem Volk, dessen Sprache sie schrieben, nichts gemein!

Sah denn niemand, daß Heinrich Mann, der meisterhafte Schilderer italienischen Lebens, zum südländischen Pamphletisten wurde, als er seinen Roman *Der Untertan* schuf?

[Grimms Kolonialroman *Volk ohne Raum*,] künstlerisch an mehr als einer Stelle anfechtbar, [...] erklärt, warum und wie sich ihre [der Deutschen] Auffassung von der Welt der anderer Völker verhängnisvoll entgegenstellt. Und seine Beweggründe sind wichtiger, interessanter und notwendiger als soviele amüsante oder spöttische Reportagen über das tägliche Leben jenseits des Rheins.

Beiden, Grimm und Schaeffer, ist eine organisch deutsche Wesensart gemeinsam. Keine Spur von westlichem Rationalismus; kein Einfluß aus dem Osten. Durch Sprache und Stil, Gedanken und Empfinden baden sie in einer rein deutschen Atmosphäre; und sie geben deutschem Leben umso getreueren Ausdruck, als ihre Autoren sozusagen blind für alles andere geblieben sind. [...] In den Werken von Grimm und Schaeffer tritt dem Leser Deutschland selbst entgegen. In den anderen genannten Romanen, von Heinrich Manns *Untertan* bis zu von Salomons *Geächteten*, wird der Leser mit einem System fertiger Urteile über Deutschland abgespeist. Gäbe es in Frankreich nicht doch ein Publikum, unabhängig und scharfsinnig genug, um selbst urteilen zu wollen?

11 Nicht nur das, – Klaus Mann hatte Breitbachs Roman *Die Wandlung der Susanne Dasseldorf* am 25. Dezember 1932 im *Berliner Tageblatt* rühmend besprochen und den Autor »in die vorderste Reihe derer« gestellt, »die heute in Deutschland die Tradition eines europäischen Romans fortsetzen«.

12 Karl Rauch, »Kennen die Franzosen die zeitgenössische deutsche Literatur? – Kennen wir die französische?«, in: *Das Deutsche Wort* (*Die literarische Welt*, Neue Folge 1934), Hrsg. Karl Rauch, 11. Jg. (N. F., 2. Jahr), Nr. 38, Berlin, 14.9.1934. S. 1–3.

13 Joseph Breitbach, »Hagiographie des guten Übersetzers«, in J. B., *Feuilletons zu Literatur und Politik*, hrsg. von Wolfgang Mettmann. Pfullingen: Günther Neske, 1978, S. 193f. – Ursprünglich französisch (*Hagiographie du bon traducteur*) in: *Almanach de la Librairie Flinker*, Paris 1956, S. 25.

14 Marguerite Yourcenar an Joseph Breitbach. Northeast Harbor, Maine (USA), 17. Februar 1965: »Das Werk ist ungemein interessant, in vieler Hinsicht, und auf seine Weise, so scheint mir, einzigartig. (Aber kann ich das gut beurteilen? Ich lese wenig Romane, reagiere allergisch auf sie, obwohl ich selbst welche schreibe.) Wer wie ich weiß, daß es sich um ein deutsches, vom Autor auf französisch neugeschriebenes Werk handelt, hat ein doppeltes oder dreifaches Interesse. Ich habe mir sogleich den deutschen Text vorgenommen und mich darin versucht, die Texte zu vergleichen. Mir scheint, zumindest in gewissen Punkten ist der französische *Bruno* weiter entwickelt, in anderen dagegen reduziert, wie nicht anders zu erwarten. Außerordentlich ist, in welchem beinahe paradoxen Ausmaß dieser französische *Bruno* französisch ist. Eine Linie, die sich durch das Drama und den Roman der Klassik, durch Saint-Simon und Stendhal zieht, eine Methode, die eher die Beziehungen der Personen untereinander als diese Personen selbst zeigt (eher die Geometrie und Algebra der Situationen als die Chemie der Individuen) und sogar vom Konkreten eine abstrakte Vorstellung gibt. [...] Dann, immer wie bei Stendhal oder in der klassischen Tragödie, kommt es zur Katastrophe, und alles ordnet sich oder fällt auseinander in klaren, nicht mehr verschlüsselten Worten. Verstehen Sie mich bitte so, daß mir, was ich zu verdeutlichen suche, als Erfolg erscheint, als ein unerwarteter Fortschritt des Autors von *Rival et Rivale* (das ich ebenfalls sehr schätze). Das ist eine andere Welt. [...] Sie haben da ein Buch gegen die Heuchelei und Lüge geschrieben, und auch das ist ein sehr französischer Aspekt des Werkes, daß in ihm ein verborgener Moralist steckt.«

15 Josef Breitbach, *Rot gegen Rot. Erzählungen*, Stuttgart/Berlin/Leipzig, Deutsche Verlags-Anstalt, 1929, S. 57. Auch in der Neubearbeitung der Geschichte in Breitbachs späterem Sammelband *Die Rabenschlacht und andere Erzählungen* (Frankfurt a. M.: S. Fischer, 1973) ist die Momentaufnahme des nur dieses eine Mal vorkommenden Buchverkäufers stehengeblieben: »Und der träge Verkäufer der Bücherabteilung! Man traut seinen Augen kaum, er bedient einen Kunden wahrhaftig mit Eifer« (S. 79).

16 Band 12 in Martin Bubers Reihe ›Die Gesellschaft‹ (Frankfurt a.M.: Rütten & Loening, 1907).

17 Als der Beitrag im Oktober 1929 erschien, gab Breitbach schon Toulon als neuen Wohnort an: J.B. (Toulon), »Hermann Kesten«, in: Die Literatur 32.Jg., Okt.1929–Sept.1930, H.1, S.15 f.

18 Josef Witsch, *Berufs- und Lebensschicksale weiblicher Angestellter in der Schönen Literatur*, 2. verb. u. ergänzter Neudruck, Köln 1932. (Sozialpolitische Schriften des Forschungsinstituts für Sozialwissenschaften in Köln. H. 2.) S.33 und 64.

19 [Siegfried Kracauer,] *Ginster. Von ihm selbst geschrieben*, Berlin: S.Fischer, 1928, S.228–233.

20 In einem Aufsatz ›Mädchen im Beruf‹ (in: *Der Querschnitt*, Jg.12, H.4, April 1932, S.238–243) hat Kracauer auf Breitbachs Erzählungen hingewiesen, ebenso in einem nachgelassenen Typoskript ›Les Livres supprimés‹ aus dem Jahre 1933. Vgl. S.K., *Schriften*, Hrsg. von Inka Mülder-Bach, Bd.5.3: *Aufsätze 1932–1965*, Frankfurt a.M.: Suhrkamp, 1990, S.60 und 240.

21 Joseph Breitbach, *Das Jubiläum. Komödie in drei Akten*, Zürich: Verlag Oprecht (Europa Verlag), 1960.

22 Ernst Glaeser und Franz C.Weiskopf, *Der Staat ohne Arbeitslose. Drei Jahre »Fünfjahresplan«*, mit einem Nachwort von Alfred Kurella. Berlin: Gustav Kiepenheuer Verlag, 1931. Kiepenheuer verlegte ein Jahr später auch Breitbachs neuen Roman.

23 Ein Kapitel von Schoecks in der Herderbücherei erschienenem Buch *Die Lust am schlechten Gewissen* (Freiburg i.Br. 1973) hieß ›Genosse Copyright und sein Kapital‹. Das *Börsenblatt für den Deutschen Buchhandel* (Frankfurter Ausgabe) stellte Schoecks Gedanken zur Diskussion und veröffentlichte die Reaktionen (darunter solche von Autoren wie Rudolf Krämer-Badoni und Angelika Mechtel, von Juristen und Verlegern) in den Nummern 55, 61, 63 und 67 vom 13.Juli, 3., 10. und 24.August 1973.

24 »Joseph Breitbach, dessen *Bericht über Bruno* soeben verfilmt wird [diese Fernsehverfilmung kam am Ende nicht zustande], erläutert die Thesen seines Stücks *Genosse Veygond*. Autoren stehlen Mehrwert wie Unternehmer. Ein Streitgespräch über Anspruch, Rolle und Funktion linker Schriftsteller in der kapitalistischen Gesellschaft«, in: *Die Zeit*, Nr.19, 29.4.1977, S.16. – Auch in: Fritz J.Raddatz, *ZEIT-Gespräche. Zehn Dialoge mit [...]*, Frankfurt a.M.: Suhrkamp Verlag, 1978, (suhrkamp taschenbuch, 520.), S.43–59.

25 Joseph Breitbach an Jean Lecanuet. 23.Februar 1978: »Ich besitze eine Ausgabe der ›Mehrwert-Theorien‹ von Marx, in zwei dicken Bänden, mit folgendem Druckvermerk: Offizin Andersen Nexö in Leipzig für die Editions Sociales in Paris. Veröffentlichungsnummer 4087, Ablieferung der Pflichtexemplare im 3.Trimester 1974. Das ist doch ein schöner Beitrag zur Krise des Druckereigewerbes in Frankreich.«

26 Breitbachs besonderen Zorn hatte damals die wiederholte Lektüre von *The Sound and the Fury* (1929) erregt.

27 Rudolf Borchardt, *Das hoffnungslose Geschlecht. Vier zeitgenössische Erzählungen*, Berlin-Grunewald: Horen-Verlag, 1929, S. 213–301.

28 Harald Weinrich, »Das Zeichen des Jonas. Über das sehr Große und das sehr Kleine in der Literatur«, in: *Jahrbuch 1966. Deutsche Akademie für Sprache und Dichtung Darmstadt*, Heidelberg/Darmstadt: Verlag Lambert Schneider, 1967, S. 24–38, der von Breitbach zitierte Satz auf S. 36.

29 Theodor W. Adorno, »Standort des Erzählers im zeitgenössischen Roman«, in: Th. W. A., *Noten zur Literatur*, Berlin / Frankfurt a. M.: Suhrkamp Verlag, 1958, (Bibliothek Suhrkamp, 47), S. 61–72, hier S. 62.

30 Günter Herburger, »Die Schönheit des Konjunktivs«, in: *Wechselrede. Joseph Breitbach zum 75. Geburtstag*, Frankfurt a. M.: S. Fischer 1978, S. 99–105, hier S. 104.

31 André Gide an Joseph Breitbach. Berlin, 25. November 1932: »Lieber Ich habe gestern meinen Abend in aller Ruhe damit verbracht, Sie zu lesen. Ich wollte sehr früh schlafengehn; nach Mitternacht war ich immer noch am Lesen (das ist für mich sehr spät). Und da ich Deutsch sehr langsam und mit einiger Mühe lese, bin ich erst auf Seite 69. Aber ich *konnte* keine Zeile überspringen. Heute morgen, gleich nach dem Aufstehen, habe ich weitergemacht. Ich könnte Ihnen manch andere Komplimente machen; aber zuerst das: Ihre Erzählung ist außerordentlich *fesselnd*. Sie halten den Leser fest, und er kann sich nicht mehr von Ihnen losreißen.«

32 Roger Martin du Gard an Jean Schlumberger. Nizza, 19. Februar 1935: »[...] ich war so unbesonnen wie neugierig, die erste Seite zu lesen. ... Mein ganzer Abend war dahin! Ich habe mich erst um Mitternacht losreißen können, auf der 100. Seite. Was für ein reicher und dichter Stoff! Wie ein vom Hochwasser angeschwollener Wasserlauf, der uns im Strudel mitreißt. Das verblüfft mich sehr. Ungeduldig erwarte ich den Abend, um wieder einzutauchen.«

33 Roger Martin du Gard an Jean Schlumberger. Nizza, 26. Februar 1935: »Mein lieber Alter, ich wollte nach der Lektüre an Herrn Breitbach schreiben, und ich bedaure sehr, es nicht nach den ersten 100 Seiten getan zu haben, als ich Dir schrieb. Die Fortsetzung nötigt mich zu manchen Vorbehalten ... Die Charaktere entwickeln sich kaum noch, das heißt, daß wir uns kaum noch in ihnen entwickeln.«

34 Thornton Wilder an Joseph Breitbach, Innsbruck, 2. September 1937: »Also, Herr Breitbach, was für ein Buch. Der erste Teil der Schnath-Peter-Geschichte, kraftvoll, manchmal erzählt, meist halb-erzählt. Etwas Unaufrichtigkeit beim Erzählen von Schnath – etwas vorgetäuschte Verachtung für ihn; etwas verstecktes Mitgefühl. Alles erzählen, oder nichts. *Alles* als psychologische Wahrheit, das heißt – – nicht alles als Bild, das die Wahrheit entstellen würde Hab Cather überhaupt nicht erfaßt. Niemals deutlich. Louis, schrecklich uninteressant. Und, mein Gott, wie schrecklich deutsch sind Sie! Weshalb all diese gräßlichen Verwicklungen in winzigen Details. 50 Seiten Intrigen, um Susannes »Ruf« zu retten. 50 Seiten Geheimnistuerei um den Diebstahl der Decken. Und was für ordinäre Details Sie sich erlauben. Obszönität für die Kunst? – nein. Obszönität für die Intensität? – nein Sieht aus nach Obszönität für einen Sensationserfolg. Obszönität für Geld – Aber Sie sind ein unheimlich guter Schriftsteller. Ein guter Schriftsteller, der dauernd Fehler macht bei der Wahl eines Stoffes. [...] Verzeihen Sie mir, wenn mein Ton Sie beleidigt. Ihre sympathische Freundlichkeit hat mich ermutigt, Ihnen genau zu schreiben, was ich denke.«

35 Christopher Isherwood an Joseph Breitbach. Santa Monica, Kalifornien, 23. Dezember 1965: »Ich habe Ihre *Wandlung der Susanne Dasseldorf* immer sehr geliebt. Tatsächlich, es ist fast das einzige Buch, das ich je gestohlen habe! Ich stahl das Exemplar eines Freundes und schämte mich, konnte aber nicht ertragen, mich von ihm zu trennen. Zu meiner Freude fand ich später ein anderes Exemplar, also gab ich das gestohlene zurück und gab vor, es unter vielen anderen Sachen in einem Schrank entdeckt zu haben.«

36 Julien Green an Joseph Breitbach: »Hast Du jemals so wie ich durchgemacht, wie schwer es ist, die allererste Seite eines Buches zu schreiben? [...] wenn der *Ton* dieser ersten Seite nicht stimmt, stimmt das ganze Buch nicht.« (London, 9.10.1936) »Den Dialog vom einen Ufer der Mosel zum andern liebe ich sehr. [Ebd.]« »Meinen Krokodilen gehts gut. Und Dein Buch?« (22.12.1938) »Was macht Deine Arbeit? Meine Krokodile grüßen Dich. Der Roman ist auf vortrefflichem Wege, und Deiner? [...] Mach es wie ich! Die Liebe und die Kunst, nur das zählt, der Rest ist nur ein schlechter Traum« (15.3.1939).

37 Julien Green an Joseph Breitbach. Ende 1945?: »Hab *Die Rückkehr* [aus dem *Clemens*-Roman] sehr gern gelesen und kann nicht umhin, darin einen großen Fortschritt gegenüber *Rival et Rivale* zu sehen, unter dem Gesichtspunkt *des Handwerks*, denn [...] die Geschichte von Clemens ist hinreißend erzählt mit großem Geschick in der Steigerung der Ereignisse bis zur unheimlichen Überraschung am Schluß. Alles sieht man lebendig vor sich, man ist dabei, mit Clemens zusammen (ach, das ist nur ein Traum). Aber man ist trotz allem betrogen: die Kirchenbank, der Hintern, der wütende Küster, alles ist vorbereitet für die Züchtigung, die man erwartet, die man zu Recht *verlangt*. Und dann gibt es keine Züchtigung! .. Wie auch immer, ich habe es mit lebhaftem Vergnügen gelesen. [...] Was Du uns hier zu lesen gibst, ist von entzückender Geschwindigkeit. Ich gratuliere sehr, lieber Beppo.«

38 »Die Erzählung wird Schlag auf Schlag vorangetrieben« (23.8.1948).

Das vorliegende Marbacher Magazin erscheint zur Ausstellung:
›Joseph Breitbach oder Die Höflichkeit des Erzählers‹, bearbeitet von Jochen Meyer
Schiller-Nationalmuseum, Marbach am Neckar, 20. Juli bis 28. September 2003
Mit einem Verzeichnis der ausgestellten Stücke als Beilage

Auf dem Umschlag: Joseph Breitbach im März 1979. Foto von Ingeborg F. Meier.
Vorderer und hinterer Vorsatz: Joseph Breitbach 1979. Fotos von Felicitas Timpe, München.

Herausgeber: Ulrich Ott
Redaktion: Heike Gfrereis und Dietmar Jaegle
Ausstattung: Diethart Keppler und Stephan Schmid
Gesamtherstellung: Offizin Chr. Scheufele, Stuttgart
ISBN 3-933679-86-9

Nachweise und Dank: Der immense Manuskript- und Briefnachlaß Joseph Breitbachs, der 1987 dem Deutschen Literaturarchiv anvertraut wurde, ist von der Forschung bisher kaum ausgewertet worden. Deshalb kann das vorliegende *Marbacher Magazin* eine Überfülle bisher ungedruckter Manuskripte und Briefe in Auszügen oder auch vollständig veröffentlichen. Den Autoren und den Inhabern der Rechte danke ich für freundlich gewährte Zustimmung zum Abdruck oder Zitat:
Atrium Press / Williams Verlag (Sonja Dobbins), London (für Stefan Zweig); Wolf Alverdes, Pöring (für Paul Alverdes); Claudia Beck-Mann, Leichlingen (für Golo Mann); Brandt & Brandt, New York (für Thornton Wilder); Prof. Dr. Iring Fetscher, Frankfurt a. M.; S. Fischer Verlag (Christina Struck), Frankfurt a. M. (für Thomas Mann); Editions Gallimard, Paris (für Roger Martin du Gard und Marguerite Yourcenar); Catherine Gide, Le Mesnil St. Denis (für André Gide); Jean-Eric Green, Paris (für Julien Green); Günter Herburger, München; Agence Hoffmann, München (für Christopher Isherwood); Dr. Liselotte Jünger, Überlingen (für Ernst Jünger); Prof. Dr. Joachim Kaiser, München; Dr. Angela Martini, Witten (für Käte Hamburger); Wolfgang Mettmann, Aschau (für Joseph Breitbach); Rowohlt Verlag (Dr. Uwe Naumann), Reinbek (für Klaus Mann); Suhrkamp Verlag (Dr. Petra Christina Hardt), Frankfurt a. M. (für Wolfgang Koeppen).
Besonders herzlich danke ich Wolfgang Mettmann, Aschau, Joseph Breitbachs Nachlaßverwalter, der in allen Phasen meiner Arbeit geraten und geholfen, ergänzende Quellen besorgt und Leihgaben zur Verfügung gestellt oder vermittelt hat. Dank für Leihgaben gilt auch dem Europäischen Übersetzer-Kollegium in Straelen (Dr. Regina Peeters und Karin Heinz) für Bücher aus Breitbachs Bibliothek und für sein Porträt von Alexander Mohr; Dr. Hartwig Garnerus, München, für ein Gemälde von Helmut Kolle, das sich früher in Breitbachs Sammlung befand; Erika Tophoven, Straelen.
Mein Dank gilt allen Kolleginnen und Kollegen, die mich bei der Vorbereitung der Ausstellung und des vorliegenden *Marbacher Magazins* unterstützt haben, an erster Stelle Dr. Heike Gfrereis, Maria Günther, Dr. Dietmar Jaegle, Karl Lempp und Dr. h.c. Reinhard Tgahrt.

J. M.